5878
151

6265

NOTES ET SOUVENIRS

1871-1872

CALMANN LÉVY, ÉDITEUR

DU MÊME AUTEUR :

Format grand in-18.

L'ABBÉ CONSTANTIN, 133e édition. . . . . 1 vol.
CRIQUETTE, 71e édition. . . . . 1 —
L'INVASION, 19e édition. . . . . 1 —
MADAME ET MONSIEUR CARDINAL, 49e édition. . 1 —
UN MARIAGE D'AMOUR, 35e édition. . . . . 1 —
LES PETITES CARDINAL, 44e édition. . . . . . . 1 —
PRINCESSE, 43e édition. . . . . 1 —

Format petit in-8°, papier vergé à la cuve.

DEUX MARIAGES . . . . 1 vol.
LA FAMILLE CARDINAL . . . . 1 —

Format grand in-8° raisin.

L'ABBÉ CONSTANTIN, illustré par Madame MADELEINE LEMAIRE, — dix-huit aquarelles hors texte et dix-huit en-têtes et culs-de-lampe, — imprimé sur magnifique papier vélin du Marais par Boussod, Valadon et Cie. . . . . 1 vol.

Format in-8° cavalier.

DISCOURS DE RÉCEPTION A L'ACADÉMIE FRANÇAISE. . . Brochure

IMPRIMERIE CHAIX, RUE BERGÈRE, 20, PARIS. — 12040-5-9.

NOTES ET SOUVENIRS

1871-1872

PAR

LUDOVIC HALÉVY

DE L'ACADÉMIE FRANÇAISE

QUATORZIÈME ÉDITION

PARIS
CALMANN LÉVY, ÉDITEUR
ANCIENNE MAISON MICHEL LÉVY FRÈRES
3, RUE AUBER, 3
—
1889
Droits de reproduction et de traduction réservés.

A M. FRÉDÉRIC MASSON

Mon cher ami, je veux écrire votre nom sur la première page de ce volume, car, très certainement, sans vous, je n'aurais jamais songé à le publier. Vous étiez un jour chez moi; nous avons tous les deux le bonheur d'aimer les vieux livres et les vieux papiers; nous furetions ensemble dans les coins et recoins de ma bibliothèque, et vous avez découvert, blottis derrière une grande rangée d'in-octavos, dix ou douze vieux petits carnets. C'étaient ces notes prises, il y a bientôt vingt ans, sans aucune pensée de publicité. Il vous a semblé qu'il y avait là des choses qui méritaient d'être imprimées; je vous ai laissé faire, et voici que ces petites notes, après avoir paru dans votre admirable *Revue des Lettres et des Arts*, deviennent aujourd'hui un volume. Vous ne pouvez me refuser le plaisir de vous le dédier et de vous offrir ce témoignage de tous mes sentiments d'ancienne et cordiale affection.

Ludovic HALEVY.

6 octobre 1888.

NOTES ET SOUVENIRS

Lundi 22 mai 1871. Etretat. — Dépêche officielle de Versailles, du 21 mai, sept heures du soir.

La porte de Saint-Cloud vient de s'abattre sous le feu de nos canons. Le général Douay s'y est précipité et il entre en ce moment dans Paris avec ses troupes. Les corps des généraux Clinchant et Ladmirault s'ébranlent pour le suivre.

A. THIERS.

Le soir, à huit heures, je m'installe sur le siège de la petite diligence de Fécamp. Mon voisin est un cultivateur de Froberville. Nous causons. Ce brave homme me fait un brin de morale :

— Où allez-vous ?... A Versailles... A Paris... Voilà une drôle d'idée !... Attendez au moins qu'on ait fini de se battre... Vous vous *émouvez* trop, vous autres Parisiens, et vous avez trop de curiosité... C'est là votre malheur... Nous ne nous *émouvons* pas tant que ça dans les campagnes... Mais vous, pour une maladie, pour une guerre, pour une révolution, vous vous mettez dans des états, vous vous usez le sang. Toutes ces choses-là n'auraient pas d'importance si on ne s'en occupait pas tant que ça... Car, enfin, au bout du compte, les jours n'ont jamais que vingt-quatre heures, les mois que trente jours, les années que douze mois. Tant que ça dure, ça dure, et quand c'est fini, c'est fini. Il n'y a que les gelées tardives qui empêchent les pommiers de fleurir ; les guerres et les révolutions n'y font rien. Faut pas s'*émouvoir*... Ne vous *émouvez* donc pas...

Mardi 23 mai 1871. — A trois heures et demie du matin, nous arrivons à Poissy, qui est maintenant *tête de ligne*. Les conducteurs crient :

— Poissy ! tout le monde descend.

Et tout le monde descend. Nous sortons de la gare. Pas un omnibus, pas une voiture. Nous sommes là, sur le trottoir, aux premières clartés du jour, encore à moitié endormis, consternés, navrés, chargés de valises et de paquets. Nous formons un lamentable petit groupe de onze voyageurs, au nombre desquels se trouve une voyageuse très élégante et très gentille. Le malheur nous rapproche, et la délibération commence. Il n'y a que sept kilomètres de la gare de Poissy à la barrière de Saint-Germain. Le temps est charmant. La petite voyageuse, pleine de courage, ne recule pas devant cette promenade matinale. Notre caravane se met en mouvement et suit d'abord la grande rue de Poissy, puis cette admirable route qui traverse la forêt.

La marche et l'air vif du matin nous tirent bien vite de notre somnolence, et nous n'avons pas fait cent pas que la conversation s'engage, facile, animée, confiante.

On ne rencontre, en ce moment, dans les

gares, dans les voitures publiques, sur les grands chemins, que des gens expansifs, ayant comme une rage de parler, de raconter leurs aventures, leurs malheurs. Personne n'a échappé à ces tragiques événements. Chacun a eu *son histoire* qui lui paraît la plus intéressante du monde.

Voici, de notre caravane, un très fidèle croquis, et, de notre causerie, un très exact procès-verbal.

Dans de vieux uniformes usés, rapiécés, raccommodés sur toutes les coutures, deux officiers de l'armée de Metz, arrivant d'Allemagne après sept mois de captivité et allant se mettre *à la disposition de M. Thiers*. C'est l'expression dont ils se servent tous deux... M. Thiers est le souverain maître de la France. Il organise l'armée; il la commande. Tout s'efface et disparaît devant lui.

Un gros marchand de bœufs qui s'en va traiter à Versailles — toujours avec M. Thiers — pour l'approvisionnement de l'armée, et qui ne cesse de répéter :

— Ont-ils dû en gagner de l'argent, ces Versaillais, depuis six mois : l'armée prussienne à nourrir, pendant le premier siège ; et l'armée française, et les Parisiens réfugiés, pendant le second !

Un vieux monsieur qui m'adresse avec une véritable anxiété la question suivante :

— Je sais qu'on paye à Versailles les coupons de rentes 5 % et 3 %, mais peut-on toucher les coupons des obligations de chemins de fer ?

Je ne suis pas en état de donner le renseignement désiré. Alors ce sont des lamentations :

— Les grandes compagnies vont avoir à dépenser des millions ! Toutes ces lignes détruites, tous ces ponts à rebâtir... Et les obligations de la ville de Paris ? Qu'est-ce que va devenir le crédit de la ville de Paris ?

J'essaye de remonter un peu ce pauvre monsieur. Nous sommes en pleine forêt. A chaque instant, il nous faut escalader des arbres abattus et jetés au hasard en travers de la route.

— Que de ruines, s'écrie le vieux monsieur, et c'est une forêt de l'État ! C'en est fait de la fortune publique, et les fortunes particulières, monsieur, dépendent de la fortune publique.

Il porte une valise, toute petite, mais qui paraît extrêmement lourde. Tous les cent pas, il la change de main. Un de nous dit au vieux monsieur :

— Voulez-vous que je vous la porte un peu, votre valise ?

— Non, non ! s'écrie le vieux monsieur avec terreur.

Et ses doigts crispés serrent très fortement la poignée de la valise.

Un autre vieux monsieur, doux, aimable, souriant; il a sous le bras deux boîtes, longues et plates, recouvertes de maroquin noir. Et saisissant le moment où mes regards rencontraient ces deux boîtes :

— Ce sont mes flûtes, me dit-il, mes deux flûtes, monsieur... Il y en a une en argent.

Voilà mon flûtiste lancé. Il me raconte sa vie. Il faisait, avant la guerre, partie de l'orchestre d'un théâtre des boulevards. Il a quitté Paris pendant le siège. Il s'en est allé retrouver son frère qui est bonnetier à Alençon; il est resté là très tranquille pendant la guerre;

il a même trouvé quelques leçons de flûte. Voici la fin de la Commune. Il pense bien que *son* théâtre va rouvrir, et il se rapproche de Paris, lui et ses flûtes.

Un jeune homme étrangement accoutré : un veston d'étoffe verdâtre, une cravate rouge, un képi de fantaisie et de grandes bottes jaunes, ornées de gigantesques éperons. Il parle beaucoup, il parle trop. Il était officier de francs-tireurs pendant la guerre. Il a servi dans le corps de Garibaldi, puis dans l'armée de Bourbaki. Et il disait à Garibaldi... Et il disait à Bourbaki... Et il disait à Cambriels... Il est allé à Bordeaux soumettre un plan de campagne à Gambetta. Et il disait à Gambetta... Il était intimement lié avec Gambetta... Ah! si on l'avait écouté !... Mais nous-mêmes nous ne l'écoutons pas... Ses discours ont un air de vantardise et de hâblerie...

Trois personnages quelconques, nuls, effacés, silencieux, absolument silencieux; et, enfin, la petite voyageuse, marchant d'un pas alerte et résolu, mais fort préoccupée de cette question :

— Où est le 42ᵉ de ligne? à Versailles ou à Sceaux ?

Tout à coup l'un des officiers s'arrête, prête l'oreille :

— Écoutez, nous dit-il. C'est le canon, le canon du côté de Paris !

Oui, c'est bien le canon. Nous nous remettons en route. Nous marchons au canon. Nous arrivons à Saint-Germain. Notre petite troupe se disperse au coin de la rue de Paris et de la rue au Pain.

Je m'en vais seul tout droit à la terrasse qui est déserte, absolument déserte. La rivière à mes pieds est toute fumante du brouillard du matin. La grande masse du Mont-Valérien fait, seule, tache sous un soleil radieux. Les canons du fort tirent, à intervalles réguliers, sur Paris. A chaque coup, un léger nuage de fumée monte vers le ciel. Je m'accoude sur la balustrade de la terrasse, je reste là, contemplant ce spectacle : Paris bombardé par la France.

Et c'est M. Thiers qui donne en ce moment l'assaut à ces fortifications de Paris, *construites par lui.*

Un de mes amis dînait, il y a quinze jours, chez M. Thiers, à Versailles... Et voilà que mon ami, après le dîner, se trouvant dans un coin du salon avec deux ou trois personnes, eut l'imprudence de dire, à voix basse, très basse :

— Mon sentiment est que, depuis un mois, on aurait pu entrer à Paris par surprise.

M. Thiers était à vingt pas de là, à l'autre bout du salon, mais il a l'oreille fine, surtout quand on parle des fortifications de Paris. Il bondit sur mon malheureux ami avec un véritable emportement :

— Ah! vous êtes, mon cher monsieur, de ceux qui croient qu'on peut entrer dans Paris par surprise. C'est une erreur, sachez-le bien... Par surprise ! Voilà qui est bientôt dit ! Prenez le commandement de l'armée, et entrez dans Paris par surprise !... par surprise ! Je suis peut-être compétent dans la question. Les fortifications de Paris sont un ouvrage immense, un ouvrage de premier ordre... Elles ont arrêté les Prussiens pendant cinq mois. Elles les auraient arrêtés pendant cinq ans, pendant cinquante ans, si Paris n'avait pas manqué de vivres. Et la Commune ne manque pas de vivres; elle se ravitaille tout à son aise, à travers les lignes prussiennes. Croyez-moi, ce n'est pas une petite affaire que d'avoir raison des fortifications de Paris. C'est une entreprise colossale, gigantesque; on ne peut en venir à bout que par une grande opération d'ensemble, par un immense effort militaire, longuement, savamment combiné... Ah! les fortifications de Paris!... Je les connais, moi, mieux que personne, les fortifications de Paris!

M. Thiers là-dessus s'en alla. Mon ami avait reçu cette semonce, la tête basse, docilement, respectueusement. Mais, le lendemain, il se vengeait en me disant :

— Oui, M. Thiers veut entrer dans Paris, et il y entrera, mais il lui déplairait de voir ses fortifications tomber trop vite et trop facilement. Il faut qu'il soit bien démontré que M. Thiers seul était capable de prendre cette ville rendue imprenable par M. Thiers. Amour-propre d'auteur!

Versailles, neuf heures du matin. — Convoi d'insurgés. En tête, deux trompettes et cinq ou six gendarmes, le revolver au poing; puis, entre deux haies de sergents de ville, les prisonniers : des femmes, des vieillards, des gamins de douze ans enfouis dans de grandes tuniques de la garde nationale qui leur battent les talons... un bébé de huit à dix mois dans les bras de sa mère!... Presque tous les prisonniers ont la tête nue. Derrière le convoi, une charrette, et, dans cette charrette, le cadavre d'un grand vieillard à longue barbe blanche. Près de ce cadavre tout raide et secoué par les cahots de la voiture, deux blessés. Dans cette même charrette, une femme garrottée; on dit qu'elle a tué un capitaine à coups de couteau. Très pâle, mais calme. Sa robe déchirée laisse voir l'épaule nue; ses cheveux pendent en désordre. Derrière la charrette, un homme attaché par les poignets entre deux chevaux. Une arrière-garde de huit ou dix lanciers. Un de ces lanciers, tout à fait en arrière-garde, celui-là, seul; on l'arrête un instant, on l'interroge et il répond :

— C'est épatant dans Paris, c'est épatant!...

Des barricades, des barricades!... Et des coups de fusil!... et des coups de canon!... C'est épatant quand on n'attrape rien!

Un vieux monsieur s'est accroché à la bride du lancier et lui dit :

— Vous n'êtes pas allé, par hasard, du côté de la rue de l'Échiquier?... Vous ne savez pas ce qui se passe par là?... Y a-t-il eu des incendies, rue de l'Échiquier?

Mais le lancier, se voyant séparé de ses camarades, attaque son cheval, jette le vieux monsieur par terre et part au galop en répétant son éternel :

— C'est épatant! c'est épatant!

On relève le vieux monsieur.

Dix heures et demie. — Autre convoi. En tête, une vingtaine de femmes; démarche assurée, regard ferme, un air d'orgueil et de crânerie... Les hommes derrière, marchant deux à deux, tenant chacun par la main une longue corde et maintenus étroitement serrés par deux files de cavaliers, le revolver au poing... Puis encore, encore des femmes... Encore un enfant dans les bras d'une de ces femmes... tout petit, celui-là... il crie... Sa mère le regarde... Elle a l'air de lui dire : « Tu auras à téter quand nous serons arrivés... Ici, je ne peux pas. » C'est navrant! On n'aurait pas dû faire venir cette femme à pied, de Paris, avec cet enfant. Je la suis du regard, pendant qu'elle s'éloigne.

Mais voici que, tout à coup, j'entends prononcer mon nom. C'est un de ces malheureux qui vient de m'appeler dans une sorte de râle de détresse... Cet homme est hâve, harassé, tué de fatigue. Il porte un pantalon de garde national et une cotte de toile bleue. Tête nue sous ce soleil de feu. Une sorte de masque de poussière est collé par la sueur sur son visage. Il fixe sur moi des regards anxieux, avides, suppliants. Et j'entends encore mon nom.

Il passe... Il est passé... Mais il se retourne. Quelle supplication dans ses yeux! Je connais, je suis sûr de connaître cet homme qui vient de me remuer l'âme par ce cri de désespoir... Oui, mais qui est-ce? Je cherche sans pouvoir trouver... Je tâche de suivre la colonne... Si je pouvais lui parler, lui demander son nom... La foule est énorme, et je ne puis avancer. Il est déjà loin... et cependant je vois encore se tourner vers moi ces yeux désespérés.

Je vais déjeuner à l'hôtel des Réservoirs ; j'avais faim, avant le passage de ce malheureux ; je n'ai plus faim maintenant. J'ai toujours les yeux de cet homme dans les yeux. Qui est-ce? qui est-ce? Je cherche, je cherche. Je l'ai vu souvent, très souvent ; il me semble même que je l'ai rencontré récemment, et que j'ai causé avec lui... Je continue à chercher, à chercher vainement.

Il y a un monde énorme dans cette grande salle à manger des Réservoirs. Et beaucoup de bruit, beaucoup de gaieté, beaucoup trop de gaieté. On cause, on crie, on rit. Mais, tout d'un coup, le bruit tombe, un grand silence se fait, tous les yeux sont fixés sur une femme vêtue de noir, du noir le plus sévère, robe de crêpe, voile épais sur la figure. C'est une jeune chanteuse fort belle et fort connue. Elle traverse toute la salle, lentement, d'un pas théâtral, d'un air tragique, apprêtée, restant comédienne et fausse jusque dans sa douleur vraie. On sait le secret de cette douleur. Quelqu'un a été arrêté, ces jours derniers, à qui cette belle personne porte le plus tendre intérêt. Elle vient voir M. Thiers et lui demander la liberté de celui qu'elle aime.

Ah! comme elle a bien fait de venir! Elle m'a ramené brusquement à Paris, dans les coulisses de l'Opéra, et, d'un seul coup, par une rapide association d'idées, j'ai vu clair dans mes souvenirs. Cet homme est un machiniste de l'Opéra. Vers le milieu du mois de mars, entre le 10 et le 15, j'ai eu avec lui, sur les buttes Montmartre, une très intéressante conversation.

J'étais allé voir les fameux canons de Montmartre et leurs fameux gardiens. C'était la grande attraction du moment, le pèlerinage des Parisiens. Les rues de Montmartre étaient parfaitement libres, mais, sur le sommet de la butte, près du moulin de la Galette, on voyait les canons braqués sur Paris et gardés par les volontaires montmartrois.

Or, le jour de ma visite, pendant que j'étais

tenu sévèrement à distance par les factionnaires, un sergent vient à moi :

— Vous pouvez entrer, me dit-il, la consigne n'est pas pour vous.

Et comme je le regardais avec quelque étonnement, flatté sans aucun doute, mais encore plus surpris d'être reçu avec de tels égards :

— Ah ! je vois bien que vous ne me reconnaissez pas... Je suis un tel, machiniste à l'Opéra... J'ai une petite nièce dans le corps de ballet.

Il me la nomma.

— Et vous l'avez recommandée à M. Perrin, au moment du dernier examen... Elle a passé dans les secondes coryphées... Vous me reconnaissez maintenant... Allons, entrez, entrez, venez voir nos canons.

J'entrai donc dans le parc d'artillerie, mais, au moment même où mon sergent machiniste et oncle de danseuse prononçait avec quelque emphase ces mots : *nos canons*, je lisais cette inscription sur l'affût du premier canon : *Donné par la Chambre des notaires de Paris.*

— Vos canons ! vos canons ! dis-je à mon

nouvel ami, en voilà un, au moins, qui n'est pas à vous. Il appartient aux notaires de Paris.

— Oh! me répondit-il en riant, ils ne viendront pas le chercher, leur canon... et on ne leur rendrait pas. Nous gardons nos canons pour empêcher M. Thiers de les livrer à Bismarck.

— Mais M. Thiers n'a aucune envie...

— Ne parlons pas de ça... Vous avez votre idée sur M. Thiers... j'ai la mienne. Nous ne nous entendrions pas... Parlons d'autre chose... Il faut espérer que ça va bientôt rouvrir, à l'Opéra !

Je lui demandai des nouvelles de sa nièce. Elle allait bien. Elle était restée à Paris pendant le siège et n'avait pas trop souffert. M. X*** (un vieil habitué du foyer de la danse) avait été parfait pour les petites enfermées dans Paris ; il leur avait envoyé des conserves, du chocolat, des lentilles, des pommes de terre, etc., etc.

Mon sergent me racontait ces choses, lorsqu'un officier se montra, un capitaine, sabre traînant, bottes molles, important, solennel.

— Eh bien ! sergent, dit-il, qu'est-ce que c'est que ça ? Vous ne devez pas laisser pénétrer. Ça n'est pas un journaliste, au moins ?

— Non, capitaine, ça n'est pas un journaliste... C'est une personne de ma connaissance... J'en réponds.

— C'est bien alors... si vous en répondez, c'est bien... Mais n'oubliez pas la consigne... Pas de journalistes ! Pas de gens prenant des notes sur des carnets ! C'est la consigne... Je la blâme, mais je la fais respecter ! je les laisserais entrer, moi, les journalistes, je les inviterais même à venir, moi !... Qu'est-ce qu'ils verraient ? De bons citoyens, de bons républicains qui gardent les canons de la République... Salut, citoyen...

Il s'éloigna. Je restai seul avec mon sergent. Nous causâmes pendant quelques instants. Il eut encore sur M. Thiers quelques paroles très rigoureuses... Et c'est de M. Thiers que dépend aujourd'hui sa liberté.

Ces choses me reviennent nettement en mémoire... Comment retrouver ce pauvre diable ? Comment le préserver du conseil de guerre et de la déportation ?

Je sors des Réservoirs, et, quelques instants après, avenue de Paris, je rencontre Cham, avec son éternel *toutou* sur les bras, son cher petit *Bijou*. Je lui raconte mon histoire de machiniste.

— Venez avec moi, me dit-il, j'ai ici un ami très précieux, M. Demarquay, un homme charmant, un confrère — il dessine fort agréablement — cousin de Sainte-Beuve, et, par-dessus le marché, commissaire de police à Paris. Je passe ma vie dans son bureau... Rien de plus curieux... Il est chargé de l'interrogatoire sommaire des vagabonds arrêtés dans les environs de Versailles, et demain je dois aller avec lui à Satory... C'est là que doit se trouver votre homme ; vous viendrez avec nous.

Cham me conduit chez M. Demarquay. On nous fait attendre dans une petite pièce, où sont entassées vingt ou vingt-cinq personnes. Nous nous asseyons sur une banquette. Deux vieilles dames causent à côté de nous :

— Mademoiselle Godard, vous vous appelez

mademoiselle Godard... Il y a des hasards bien curieux... Godard... c'est le nom de mon cordonnier.

— Rue de l'Ancienne-Comédie?

— Oui, rue de l'Ancienne-Comédie.

— C'était mon frère.

— Comment! c'était votre frère... Est-ce qu'il est mort ?

— Oui, pendant le mois de février, après la capitulation, au commencement de l'*amnistie.*

L'*amnistie*, c'est l'*armistice*... Jamais, dans la classe populaire, on n'a su dire ce mot-là.

— Il est mort depuis trois mois déjà, et je ne m'en doutais pas !

— Oh ! vous savez, dans ces temps-ci, on vit, on meurt, ça n'a pas la même importance que dans d'autres temps.

Voici M. Demarquay. Il nous fait entrer dans son cabinet, grande pièce qu'il partage avec un commissaire de police de Versailles. On amène à M. Demarquay les gens arrêtés à Paris, et aussi les vagabonds, les personnes suspectes qui rôdaient aux environs de Versailles ou dans les lignes de l'armée. Il leur fait subir un interrogatoire sommaire, et c'est ensuite, pour eux, la liberté ou la prison. Le commissaire de police de Versailles ne s'occupe que de ses administrés, des habitants de Versailles.

C'est entendu ; M. Demarquay me conduira demain, à une heure, à Satory. L'homme sera là ; il n'y a pas, ce soir, de départ pour Belle-Isle. M. Demarquay m'autorise à rester, et j'accepte avec empressement. J'ai passé là trois heures, voyant et entendant les choses les plus extraordinaires, et, ce soir même, aussi fidèlement que possible, je note tout ce que j'ai vu et entendu. Nous allions et venions, Cham et moi, du bureau de M. Demarquay au bureau du commissaire de police de Versailles.

Un garde amène un petit gamin de treize ans, en guenilles, en loques, pieds nus, tête nue, le visage brûlé, tanné par le soleil. On l'a arrêté près du pont de Sèvres. Il cherchait à forcer les lignes.

— Tu venais de Paris ?
— Non, j'y allais.
— Pour quoi faire ?

— Pour voir ma famille.

— Où demeure-t-elle, ta famille!

— Du côté de Clignancourt.

— La rue ?

— La rue... la rue... Je sais pas le nom de la rue... Il y a tant de rues dans Paris... Mais je sais que c'est du côté de Clignancourt, et j'irais les yeux fermés.

— Tu choisis un drôle de moment pour aller voir ta famille.

— Dame, je ne l'avais pas vue depuis longtemps... J'étais impatient... je me suis dit : je vais entrer avec les troupes.

— Montre tes mains...

— Oh! je les ai lavées!

Ce cri lui échappe... et il tend ses deux mains au commissaire, deux mains d'une saleté telle qu'on aurait juré qu'elles n'avaient pas été lavées depuis six mois... La vérité est que le petit malheureux avait essayé de les laver.

— Ah! tu les as lavées... Eh bien, comment donc étaient-elles avant, si elles sont comme ça après ?

— Dame, elles étaient... elles étaient...

Il regarde ses deux mains... Il comprend qu'il vient de dire une bêtise.

— Pourquoi les as-tu lavées?

— Mais pour les laver... Si on ne peut plus se laver les mains, à présent...

— Viens ici que je les sente un peu, tes mains... Ça sent le plomb... Tu as manié des balles?

— Ça, c'est possible... on en ramasse un peu partout dans les environs... des balles prussiennes... des balles françaises... tout ça est pêle-mêle autour du fort d'Issy... j'en ai ramassé... qu'est-ce que vous voulez? On est misérable... Et ça se vend deux sous la livre...

— Tu n'allais pas à Paris... Tu en sortais... Tu es un insurgé.

— Si j'étais un insurgé, je serais pas venu me *rencogner* à Versailles.

— Tu cherchais à filer...

— Puisque je vous dis que j'allais à Paris voir ma famille. Et tenez, j'ai une preuve... Regardez...

Il tire de sa poche et il tend au commissaire un méchant chiffon de papier graisseux, crasseux, plié en quatre.

— Regardez ce qu'il y a d'écrit là-dessus... C'est une bonne preuve que j'allais dans Paris.

Le commissaire regarde et lit :

— *Mademoiselle Adèle, blanchisseuse, rue Myrrha*... Qu'est-ce que ça veut dire?

— Lisez... lisez... Vous comprendrez...

M. Demarquay déplie le papier... C'était une lettre d'amour, et des plus tendres, adressée à la blanchisseuse et signée Panier.

— Panier... qu'est-ce que c'est que ce Panier ?

— Je vas vous expliquer, mon commissaire... C'est le nom d'un artilleur.

— D'un artilleur ?

— Oui, d'un artilleur... J'étais du côté de Sèvres... Il y avait des artilleurs par là... Un de ces artilleurs me dit : « Tu vas dans Paris... De quel côté que tu vas? » Je lui réponds : « Du côté de ma famille, du côté de Clignancourt. — Comme ça se trouve, fait l'artilleur, j'ai ma connaissance par là... Veux-tu lui remettre une lettre de ma part? » Alors il a écrit ça sur le comptoir d'un marchand de vin de Sèvres... Et j'ai pris la lettre, pour lui rendre service, à cet artilleur, parce que je les aime, les artilleurs, parce que j'ai eu un oncle dans l'artillerie, même qu'il a été blessé à Solférino. Vous voyez bien que je suis pas pour la Commune... On n'est pas pour la Commune quand on a eu un oncle dans l'artillerie et quand on se charge d'une lettre d'un artilleur pour sa connaissance.

Le commissaire fait un signe. Un garde prend le gamin par le bras et l'emmène. Le gamin répète en s'en allant :

— Certainement, on n'est pas pour la Commune quand on se charge de la lettre d'un artilleur pour...

―――

Un Suisse, tout jeune, naïf, doux, souriant, de la meilleure foi du monde. Il était capitaine, aide de camp de Dombrowski; il ne montre aucune inquiétude. Sa conduite a été parfaitement naturelle, parfaitement légitime; il avait été officier de francs-tireurs pendant la guerre; il s'était battu avec nous contre les Prussiens; dès lors, étant par là devenu Français, il pouvait à bon droit se mêler de notre guerre civile et se battre contre des Français. Voilà son raisonnement, qui lui paraît irréfutable.

Un autre, un Belge celui-là. Il porte un uniforme de lieutenant, mais il n'a pris aucune part aux événements de la Commune. Lui aussi avait fait partie d'une compagnie de francs-tireurs. Il avait là, pour capitaine, un Italien. Dans les premiers jours d'avril, il était à Paris, sans ressources, battant le pavé et cherchant fortune. Il rencontre son ancien capitaine, tout flambant neuf, botté, éperonné, tunique neuve à cinq galons d'argent... Et l'Italien dit au Belge : « Je vais vous faire nommer lieutenant, vous serez attaché aux bureaux du conseil de guerre. » Il a accepté pour ne pas mourir de faim... Jamais il ne s'est mêlé des opérations du conseil de guerre... Il touchait la solde, voilà tout... Il fallait bien manger... M. de Beyens le réclamera... Son père est huissier dans une petite ville de Belgique.

Une femme jeune, assez belle, très animée; des restes d'élégance, robe de soie, bottines à hauts talons, gants de Suède; mais tout cela usé, fané, fripé. Elle raconte qu'elle a fait toute la campagne, contre les Prussiens d'abord, contre les Versaillais ensuite, avec son amant, capitaine de francs-tireurs pendant la guerre, et lieutenant-colonel d'état-major pendant la Commune. Il a disparu pendant la tourmente de ces derniers jours... Est-il arrêté? Est-il blessé? Est-il mort? Elle n'en sait rien. On l'interroge.

— D'où venez-vous?

— De Paris.

— Que veniez-vous faire à Versailles?

— Savoir des nouvelles de mon amant!

Alors elle dit tout : le nom, le grade, l'adresse, dénonçant le pauvre diable, toute fière de finir par cette phrase de mélodrame :

— Il a dû se faire tuer, c'était un héros!

Elle parle dans la fièvre avec une extrême volubilité, l'œil en feu, le geste violent. Elle est venue à pied de Paris. Sa vieille robe de soie noire est blanche de poussière... ses bottines déchirées... ses cheveux en désordre... Quand on l'a arrêtée, elle avait douze sous dans sa poche. Évidemment sincère... N'ayant qu'une chose en tête : son amant, son amant, son amant! Elle y revient sans cesse, ne peut, ne veut parler que de cela... L'âme humaine, en ces circonstances tragiques, se livre avec un abandon extraordinaire... On lit à nu dans les cœurs.

Elle vivait depuis cinq ans avec cet homme. Lui, faisait un peu tous les métiers : placeur en vins, agent d'assurances, régisseur de café-concert... Elle, jeune fille de condition bourgeoise, l'avait suivi par amour... Pourquoi ne l'avait-il pas épousée? Elle nous répond tranquillement avec un sourire superbe :

— Le mariage n'entrait pas dans ses idées politiques, mais il ne m'aurait jamais quittée !...

Un jeune homme... vingt-deux ou vingt-trois ans... Celui-là ne voulait pas sortir de Paris... Il voulait y entrer... On l'interroge.

— Votre nom ?

Il le dit.

— Votre profession ?

— Garçon épicier.

— Où alliez-vous ?

— A Paris.

— Pour quoi faire?

— Pour avoir des nouvelles de ma tante... je n'en avais pas depuis le siège...

— Et vous choisissez le moment où l'on se bat... Dites donc la vérité... Vous alliez à Paris pour vous battre.

— Eh bien, oui! c'est vrai. C'était mon idée de me battre, d'être de cette affaire-là... J'ai voulu m'engager dans la troupe à Versailles... On n'a pas voulu de moi... ou plutôt on m'a dit : « C'est bien, mais on va vous envoyer au dépôt, à Limoges. » C'était pas mon affaire, m'en aller à Limoges, puisque je voulais me battre... Alors je me suis dit : Je vais aller m'engager à Paris... Là on me prendra tout de suite.

— C'est absurde ce que vous dites là, on ne se bat pas indifféremment d'un côté ou de l'autre. Vous êtes pour ou contre la Commune.

— Moi, je suis pour ou contre rien du tout... Ça m'est bien égal, tout ça. J'avais envie de me battre, voilà tout, ça m'ennuyait de végéter dans mon magasin, de ne pas être mêlé à l'histoire de mon pays... Il y a plus de six mois qu'on vit à Versailles au milieu de la guerre et du canon. Ça m'a donné des idées de bataille. Qu'est-ce que vous voulez? On a la tête un peu à l'envers dans des temps pareils, quand il se passe des événements historiques. Je ne voulais pas rester comme une bête à vendre du sucre et de la bougie, chez mon patron. Je voulais avoir fait quelque chose, avoir quelque chose à raconter plus tard.

On fouille ce jeune homme ; on trouve dans une de ses poches un petit calepin.

M. Demarquay ouvre le carnet et se met à lire à haute voix :

Les Versaillais ne veulent pas de moi, et moi je veux me battre... Bataille!... Bataille!... Vive le son du canon! Je pars... je vais me battre pour la Commune, mais si je suis tué je ne veux pas mourir...

M. Demarquay s'arrête :

— Qu'est-ce que ça veut dire : *Si je suis tué je ne veux pas mourir?*

— Je ne sais pas, ça n'a pas de sens, je n'ai pas dû écrire cette phrase-là. Je n'écris pas de choses qui n'ont pas de sens... Ah! je me rappelle... Tournez la page, monsieur le commissaire, tournez la page...

Le commissaire tourne la page et trouve ces deux mots qui achevaient la pensée :

... *sans gloire.*

— Ah! à la bonne heure, s'écrie le jeune homme... La voilà complète, ma phrase.

Il est évidemment charmé de *sa* phrase et il répète avec une intonation dramatique :

— *Je ne veux pas mourir sans gloire !*

Au même moment, nous entendons s'élever une voix criarde, dans le coin du commissaire de police de Versailles... La comédie et le vaudeville se mêlaient étrangement à toutes ces choses terribles. C'était un vieille dame de Versailles qui avait perdu son petit chien.

— Il est blanc, disait-elle, avec une tache noire sur le nez. Il s'appelle Sadowa... Je l'avais depuis la bataille de ce nom... Il y a bientôt quatre ans... C'est le temps de s'attacher à une bête...

Le malheureux commissaire de police de Versailles a toutes les peines du monde à arrêter ce torrent de paroles.

— Laissez-moi tranquille avec votre chien, si vous croyez que nous avons le temps aujourd'hui !

— Eh bien ! quoi ? Aujourd'hui ! aujourd'hui ! Qu'est-ce que ça me fait tout ça ? Je viens réclamer pour mon chien. Et, voyez-vous, j'ai mon idée... J'ai un voisin qui détestait mon chien... M. X***... une canaille... Je suis sûre qu'il a profité de tout l'aria d'aujourd'hui, de la Commune, de la bataille, de Paris qui brûle... Oui, il a profité de tout ça pour me détruire mon chien. Faites-le venir... vous verrez...

Le commissaire se fâche, renvoie la pauvre vieille femme; on l'entend qui répète en s'en allant :

— C'est bien pénible tout de même de perdre dans des moments comme ça un animal à qui on est attaché... Personne ne s'intéresse à vous.

Et comme on rit sur son passage :

— Tas de sans cœur ! dit-elle.

Elle sort indignée, les bras au ciel.

En regardant sortir cette pauvre vieille dame, je me souvenais de cette anecdote racontée par Mercier dans son *Nouveau Paris*. C'était pendant la Terreur ; on avait volé à une femme une cuiller à soupe en argent, et elle s'écriait en parlant de la Convention nationale :

— Mais que font ces députés ? Voyez s'ils me feront rendre ma cuiller à soupe !

Nous restons, Cham et moi, près du bureau du commissaire de Versailles.

Une logeuse en garni succède à la vieille dame qui a perdu son chien.

— Qu'est-ce que vous voulez ?

— Mon Dieu, monsieur le commissaire, c'est une dame qui est venue s'installer chez moi... Elle arrive, hier au soir, et savez-vous ce qu'elle a fait cette nuit ? Elle a accouché ! Ce matin, faut lui rendre cette justice, elle était ennuyée, cette dame, et pour s'excuser, elle me dit : « Je vous demande pardon, ça n'est pas ma faute, ça ne devait arriver que dans six semaines, mais, avec toutes ces émotions, cette guerre, cette canonnade, on ne sait plus où on en est... enfin, j'ai accouché, voilà le fait. »

— Eh bien ! interrompt le commissaire impatienté, cette femme a accouché chez vous... je n'y peux rien.

— Mais qu'est-ce que je vais en faire de cette femme ?

— Vous allez la garder.

— La garder ! Savez-vous ce qu'elle a d'argent sur elle, monsieur le commissaire ? Cinquante-huit sous ! Ça n'est vraiment pas raisonnable... on ne vient pas accoucher chez les gens, quand on n'a que cinquante-huit sous sur soi !

C'est le tour maintenant d'une pauvre femme réduite à l'état de squelette, effrayante à voir, comme hébétée, trouvant à grand'peine ses paroles. C'est une marchande de cannes et de parapluies. Il y a soixante-deux jours, elle part de Versailles avec son mari pour aller acheter, dit-elle, de la marchandise à Paris. Ils comptaient revenir, le soir même, et avaient laissé leurs trois enfants à Versailles. A Paris, ils sont arrêtés ; un commissaire de police de la Commune les interroge : « D'où venez-vous ? — De Versailles. — Pour quoi faire ? — Pour acheter des cannes et des parapluies. — C'est invraisemblable. » Le mari est conduit à Mazas, la femme à Saint-Lazare. Elle y a passé soixante-deux jours. Ce matin, elle a été délivrée par les troupes. De son mari, pas de nouvelles. Est-il encore à Mazas? A-t-il été tué? Elle ne sait rien. Elle arrive chez elle à Versailles, tout était fermé. On avait mis les trois petits aux Enfants-Trouvés. Elle vient demander humblement si elle peut obtenir *une permission pour les ravoir*... On charge un sergent de ville de la conduire aux Enfants-Trouvés. Elle sort avec le sergent de ville, passe devant moi. Elle parlait comme dans un rêve, et, en s'en allant, dit au sergent de ville :

— C'est bien vrai que mes enfants sont là et qu'on va me les rendre ?... Pourvu qu'ils ne soient pas morts !

Une femme d'une quarantaine d'années; on l'a arrêtée aux environs de Satory; elle est de Versailles; elle veut être interrogée par son commissaire, pas par celui de Paris. Elle disait à des soldats de la ligne : « Faut tuer tous les gendarmes ! Faut les noyer tous dans la pièce d'eau des Suisses! Voilà ce que vous devriez faire, vous autres qu'êtes des soldats et qu'êtes pas des gendarmes!... Vivent les soldats! A l'eau les gendarmes! »

— Pourquoi avez-vous dit cela ?
— Oh! ce n'est pas par malice, bien sûr...
— C'est par bêtise alors...
— Oh! vous avez bien raison, monsieur le commissaire, par bêtise, par pure bêtise, c'est le mot que je cherchais. Je n'aurais pas trouvé mieux.

Encore une habitante de Versailles. Elle a crié : « Vive la Commune ! » sur le passage d'un régiment. Les agents ont eu grand'peine à la tirer des mains de la foule. Sa robe est en lambeaux; ses cheveux pendent à tort et à travers... Jeune encore, blonde, grasse, d'assez beaux yeux.

— Votre nom ?... votre profession ?
— Madame X***, blanchisseuse.
— Vous avez crié : « Vive la Commune ! »
— Moi !
— Ne cherchez pas à nier... Vous avez crié : « Vive la Commune ! »

— Eh bien ! j'aurai crié ça comme j'aurais crié autre chose, n'importe quoi... Tous ces événements, ça agite, ça excite... on ne sait plus ce qu'on dit... et puis il y a la chaleur... on a soif... on boit un petit coup de trop...

— Vous n'auriez pas crié : « Vive la Commune ! » si cela n'était pas dans vos idées.

— Mes idées !... mes idées !... Est-ce que j'ai des idées ? Voyons, je vous le demande, est-ce que j'ai l'air d'une femme qui a des idées ?

— Les idées de votre mari, peut-être ?

— Les idées de mon mari !... Ah bien ! c'est plus drôle que vous ne pensez ce que vous dites là. Il est sous terre depuis trois ans, et, par-dessus le marché, il était pour l'empereur, mon mari. Je n'en ai jamais eu d'idées politiques, moi, qu'est-ce que vous voulez que ça me fasse, la politique ? Ceci ou cela, c'est toujours la même chose pour une blanchisseuse... Je vous ai dit mon nom... Informez-vous de moi dans le quartier. Je n'ai jamais fait de mal à une mouche... Et, tenez, tenez... voilà un gendarme qui me connaît bien... Dis donc, Chose... là-bas... Je ne me rappelle plus son nom, mais je le connais bien, dis donc que tu me connais... viens donc me réclamer.

Et hardiment, joyeuse de pouvoir invoquer un tel témoignage, elle interpellait, d'un bout de la salle à l'autre, un pauvre diable de gendarme qui, penaud, piteux, confus, rougissait jusqu'aux oreilles.

— Allons, gendarme, approchez, dit le commissaire de police.... Vous connaissez cette femme ?

— Mon Dieu, mon commissaire, je la connais sans la connaître...

— Enfin, vous la connaissez ?

— Eh bien, oui ! mon commissaire, je la connais... Mais vous savez comment on connaît une femme... Et tout ce que je peux dire, c'est que, si je la connais, ça n'est pas au point de vue politique.

Un fou rire nous prend tous ; le commissaire interrompt l'interrogatoire. La *connaissance* du gendarme est mise en liberté.

Mercredi 24 mai 1871, sept heures du matin.
— Pas de canon. Temps admirable : le temps

de la révolution de Juillet et des journées de Juin 1848. Des hivers très durs pour les guerres contre l'étranger, des étés admirables pour les guerres civiles, c'est la règle... Sept heures un quart. Premier coup de canon. La bataille recommence. L'insurrection, hier soir, *n'avait plus que* le Louvre, les Tuileries, l'Hôtel-de-Ville, la Banque, la Bibliothèque nationale, la Bourse... *Rien que cela!*

Neuf heures du matin. — Avec M. Demarquay, à Satory. Quel spectacle ! Deux ou trois mille prisonniers parqués entre de grands murs. Çà et là, des trous dans ces murs... Et, par ces trous, s'allongent des bouches de canons chargés et braqués sur cet immense troupeau d'hommes. Les prisonniers sont accablés, silencieux... C'est à peine s'ils lèvent la tête pour nous regarder.

« Cherchez, me dit M. Demarquay, votre machiniste doit être là. » Je cherche, mais le reconnaîtrai-je ? Ils se ressemblent tous, ces visages amaigris, épuisés, atterrés, ravagés. Je le reconnais pourtant... C'est lui, c'est bien lui. M. Demarquay le fait sortir des rangs, l'emmène à l'écart, lui demande son nom, son adresse à Paris, ce qu'il a fait pendant la Commune : « Pour les trente sous, dit-il, je n'ai marché que pour les trente sous. Il fallait bien vivre... J'ai une femme, des enfants... L'Opéra était fermé, etc., etc. »

Nous rentrons à Versailles, et je m'en vais voir M. Mignet. Il est installé à la préfecture de Versailles, auprès de son ami Thiers. Il a été obligé de quitter Paris, ses livres, ses habitudes, son cher cabinet de la rue d'Aumale, ses deux Académies. J'entre et je le trouve en train de travailler... Une de ses grandes feuilles de papier bleu est là, devant lui, à demi couverte de sa belle et ferme écriture. C'est un philosophe, c'est un sage... et c'est aussi le meilleur des hommes... Tout à l'heure il verra le général Appert et lui remettra la petite note qu'il vient de prendre, pendant que je lui racontais l'histoire de mon machiniste.

Huit heures du soir. — Encore une longue colonne de prisonniers. Trois ou quatre cents. Au dernier rang, seule, entre deux dragons le revolver à la main, une femme, jeune, assez belle, les mains liées derrière le dos, enveloppée dans un caban d'officier doublé de drap rouge, les cheveux épars. La foule crie : « La colonelle ! la colonelle ! » Tête haute, la femme répond à ces clameurs par un sourire de défi... Alors, de toutes parts, c'est un grand cri : « A mort ! à mort ! » Les dragons de l'escorte vont être débordés. Les gardiens de la paix se précipitent, repoussent la foule, protégent la femme qui garde un imperturbable sang-froid, avec le même sourire toujours sur les lèvres.

Un vieux monsieur s'écrie : « Pas de cruauté, c'est une femme après tout ! » La colère de la foule, soudainement, en une seconde, se retourne contre le vieux monsieur. On l'entoure. « C'est un communard ! c'est un incendiaire ! » Il est très menacé, mais une voix perçante s'élève, une voix drôlette et gaie de gamin de Paris : « Faut pas lui faire de mal ! C'est sa demoiselle, à ce monsieur ! » Alors, brusquement, grand éclat de rire autour du vieux monsieur. Il est sauvé ; seulement c'est lui alors qui, furieux, la canne en l'air, se précipite sur le gamin en s'écriant : « Ma fille ! ma fille ! cette coquine ! qu'est-ce qui a dit ça ? » Et le fou rire de redoubler ! Rien de plus étrange que cette incroyable mobilité des sentiments humains. La foule avait passé, presque dans le même instant, de la plus sérieuse colère à la plus franche gaieté.

Je suis ce convoi de prisonniers, et, rue de Satory, cette colonne arrivant de Paris se croise avec une autre colonne partant de Versailles, pour Belle-Isle.

L'attitude des prisonniers est très différente à l'arrivée et au départ... Chez ceux qui arrivent, il y a un reste d'excitation, de griserie d'alcool et de poudre ; on rencontre encore des regards chargés de colère et de haine, des gestes de provocation et de défi. Plus rien de cela chez les malheureux qui ont passé quarante-huit heures dans le parc de Satory. Ils se sentent définitivement écrasés et vaincus. Ils défilent dans un silence et dans un ordre effrayant, marchant au pas, résignés, dociles, entre deux files de gendarmes. La foule les regarde passer et n'a plus pour eux que des sentiments de pitié. Des sergents de ville, en tête de la colonne, portent des torches. On voit, dans la nuit, un grand tas noir qui marche.

***

Jeudi, 25 mai. — Paris est en feu. La Commune fait sa retraite de Moscou. On ne reprend pas Paris, on reprend des incendies. Deux Anglais déjeunent, à côté de moi, dans la grande salle à manger de l'hôtel des Réservoirs, et, de leur conversation, j'ai saisi cette phrase, dite du ton le plus calme.

— *Montretout is the best place to see Paris burn.* (Montretout est la meilleure place pour voir brûler Paris.)

Pendant que cet Anglais me donnait ce précieux renseignement, un gamin crie sous les fenêtres de l'hôtel : *Demandez la dernière édition du* Petit Moniteur... *L'incendie de Paris... Un sou, le grand incendie de Paris...*

Et, à côté de moi, un vieux monsieur décoré se fâche, mais se fâche tout rouge, parce qu'on vient de lui servir un bifteck trop cuit.

— Saignant, dit-il au garçon, je vous l'avais demandé saignant !

Allons donc à Montretout, puisque *c'est la meilleure place pour voir brûler Paris.* Les Anglais sont gens pratiques et connaissent les bons endroits. Nous allons à Montretout, X*** et moi. Temps admirable... Pas un souffle d'air... Les colonnes de fumée montent toutes droites vers le ciel... Il y a là beaucoup de monde ; on cherche à s'orienter. — Qu'est-ce qui brûle là ? — C'est le ministère des finances. — Et là, un peu plus à gauche ? — C'est le Palais-Royal. — Et par là, plus à droite. — C'est le conseil d'État... Tout d'un coup, détonation très forte et lourde colonne de fumée. C'était l'explosion de la poudrière du Luxembourg. Nous l'avons su, le soir.

Un Anglais est installé là, à Montretout. Il a trois lorgnettes... trois... une grosse jumelle... une petite... et une longue-vue avec un pied... De temps en temps, il consulte un plan de Paris et il prend des notes sur un petit calepin... Sa figure rayonne autant que peut rayonner la figure d'un Anglais. Il est au bon endroit, le temps est clair, ses lorgnettes excellentes, et Paris brûle ! De temps en temps, il s'assied sur un petit pliant... Il n'a rien oublié... il a son pliant. Rien de plus irritant que la vue de cet Anglais épanoui et souriant... Cela donne le désir de voir un peu brûler Londres.

Retour à Versailles. Je rencontre un de mes amis, chirurgien militaire.

— Voulez-vous venir avec moi? me dit-il, je vais avec un train spécial chercher des blessés à Clamart.

Nous partons... A Bellevue, les ruines commencent... Nous descendons... Ce tas de décombres, c'était la gare de Clamart... On entend le canon de Paris... Et les mêmes grosses colonnes de fumée s'élèvent lourdement au-dessus des incendies...

Dans la boue des tranchées du fort d'Issy, des débris de toutes sortes : vieux souliers, cartouches, gibernes, képis de gardes nationaux, bidons crevés... et surtout, confondus philosophiquement, les obus prussiens qui ont commencé la destruction du fort, les obus versaillais qui l'ont achevée.

A quelques minutes de là, dans une tranchée, près du cimetière, grande fosse commune pour les insurgés... Un homme est là qui nous dit :

— On en a déjà mis deux ou trois cents, dans cette fosse, et, tenez, voilà une voiture qui en apporte.

C'est un fourgon d'artillerie. Il contient une dizaine de cadavres; on jette ces corps dans la fosse, une couche de terre par-dessus, et c'est fini. Quel spectacle, avec ce canon qui gronde là-bas, et ces colonnes de fumée qui montent toujours dans le ciel. Derrière nous, ce fort déchiqueté; devant nous, cette fosse béante.

— Il va en venir d'autres, nous dit un fossoyeur, ça n'arrête pas.

— Non, ça n'arrête pas, continue un vieux paysan. Les morts arrivent tout habillés; les fossoyeurs prennent pour eux les effets qui peuvent encore servir; il n'y avait rien de bon sur les derniers ; c'est pour ça qu'ils n'ont rien pris.

Ces choses-là se disent tout naturellement, et on les écoute sans surprise : on en a tant vu, tant vu, tant entendu, tant entendu depuis six mois... On a perdu la force de s'étonner.

Nous entrons dans le fort. Sous la poterne, deux soldats du 64ᵉ de ligne, à cheval sur un vieux banc de bois, jouent aux cartes. L'atout est cœur... *Atout... atout... atout... pique... et carreau... J'ai gagné.* Celui qui venait de dire ces mots éclate de rire. *J'ai la chance aujourd'hui, j'ai la chance!* C'est un petit soldat de vingt ans, tout blond, tout rond, tout rose, avec une bonne figure souriante et gaie.

Un officier d'artillerie nous promène dans le fort. Nous marchons littéralement sur du fer. Éclats d'obus, boulets, carcasses de bombes, boîtes de mitrailleuses, échantillons français et échantillons prussiens, mélangés à peu près à égale dose. Nous pénétrons dans les batteries. Les affûts sont cassés, tordus, émiettés... Les canons encloués par les Prussiens, près des canons mis hors de service par l'artillerie versaillaise. Du côté du moulin de Pierre, une énorme brèche, les casemates à jour, le mur entièrement effondré, crevé... Et quel mur! de quelle épaisseur! Les casernes criblées, le sol jonché de caissons brisés, hachés... De tout cela, se dégage une odeur nauséabonde. On ne peut pénétrer au fond d'une casemate ; on est renversé, suffoqué... *Ici, dans cette casemate,* nous dit l'officier, *nous avons trouvé quatorze cadavres, et, dans cette autre, à côté, vingt fûts d'eau-de-vie.*

De la gare, on nous rappelle... Nous retournons... Les blessés sont installés dans le train... couchés sur de la paille, dans des wagons de marchandises, calmes, inertes. A celui-ci, on a coupé la jambe, il y a trois jours... Cet autre a dans la cuisse une balle qui n'a pas été extraite, etc., etc. Ils ne se plaignent pas.

Nous remontons dans le train ; nous avons pour compagnons deux officiers d'artillerie, un capitaine et un lieutenant.

— Ah ! dit le capitaine, c'est insupportable, j'ai une odeur de cadavre qui ne me quitte pas depuis avant-hier.

— Moi aussi, répond le lieutenant.

Et ils allument des cigares *pour combattre cette odeur de cadavre.*

Nous arrivons ; on range les blessés par

terre dans la gare; pendant ce temps, un convoi de prisonniers défile dans la rue; parmi eux, des pompiers, de vrais pompiers. Et la foule, très animée, crie à ces pompiers : *Incendiaires! incendiaires!*

Un vieux monsieur, au comble de l'indignation, me raconte que ces pompiers, appelés pour éteindre les incendies de la rue Royale, ont jeté du pétrole sur le feu.

Et, après m'avoir dit cela, le vieux monsieur se remet à crier : *Incendiaires! incendiaires!* en brandissant furieusement une ombrelle blanche doublée de vert, une ombrelle contre le soleil.

———

Vendredi 26 mai. — J'avais, ce soir, déjà fait dix pas dans la grande salle à manger des Réservoirs, cherchant une place pour dîner, mais, tout d'un coup, j'ai entendu de violents éclats de rire. C'étaient deux jeunes femmes et deux jeunes messieurs qui se pâmaient; véritablement, en de pareils jours, on dîne trop gaiement dans cette maison. Je suis encore allé aujourd'hui voir brûler Paris. J'ai le cœur serré. Je sors et me mets en quête d'un petit restaurant où je puisse dîner, seul, tranquille, dans mon coin, sans éclats de rire autour de moi.

J'avise, rue Duplessis, en face de la gare de la rive droite, une maison de modeste apparence. Je m'assieds à une table, dans un petit jardinet... Peu de monde ; c'est bien la solitude que je cherchais. Mais je vois entrer un officier de marine ; il vient à moi, me tend la main. C'est M. Trève, le capitaine de frégate, qui, dimanche dernier, a eu l'honneur d'entrer, le premier, dans Paris.

J'avais déjà rencontré le commandant Trève, il y a six semaines. Il était au désespoir ; on ne voulait pas l'employer ; on avait déjà trop de marins ; cela mécontentait les officiers de l'armée de terre. Le commandant Trève dut se résigner à faire la campagne en amateur. Il avait loué un cheval dans un manège, et tous les matins, en uniforme, il s'en allait rôder du côté des avant-postes, cherchant à se rapprocher le plus possible de Paris.

Or, dimanche dernier, vers deux heures de l'après-midi, le général Douai recevait une dépêche ainsi conçue :

Je suis entré dans Paris. J'ai planté le drapeau tricolore sur le bastion 85.

C'était signé : *Commandant Trève.* Ni le général Douai ni aucun des officiers de son état-major ne connaissaient ce nom. On crut tout d'abord à une mystification. Rien n'était plus sérieux. Ce petit Breton héroïque et obstiné avait trouvé une fissure dans les fortifications ; il s'y était glissé, et, du haut de ce bastion 85, criait à M. Thiers, au maréchal de Mac-Mahon et aux cent cinquante mille hommes de l'armée de Versailles :

— Venez donc... venez tout de suite... vous voyez bien... on peut entrer !

Mais alors la dépêche officielle du 21 mai : *La porte de Saint-Cloud s'abattant sous le feu de nos canons, le général s'y précipitant et s'apercevant que la brèche était abordable,* etc., etc. Pure invention ! C'était le commandant Trève qui avait fait cette découverte, et, tout à l'heure, dans ce petit restaurant, il m'a appris la vérité sur l'entrée des troupes dans Paris. Le commandant parlait bas, très bas, tantôt très vite, et tantôt très lentement ; à deux ou trois reprises même, il s'est complètement arrêté, laissant tomber sa tête dans ses mains, oubliant que j'étais là, ne paraissant plus me voir, comme perdu dans le souvenir de cette extraordinaire aventure. J'étais obligé, au bout de quelques instants, de l'arracher à sa rêverie. *Vous me disiez que...* Alors il revenait à lui et reprenait son récit, péniblement, avec effort.

Ce récit, cette nuit même, quelques heures après avoir entendu le commandant Trève, je l'ai noté sur mon carnet, et le voici reproduit, je crois, avec une parfaite fidélité.

« Dimanche dernier, à huit heures et demie du matin, j'étais au Point-du-Jour, dans les cheminements, en face du pont-levis près du bastion 85 ; ce pont-levis, à moitié ruiné, était abattu. Depuis trois jours, tous les matins, je venais là ; quelque chose m'attirait de ce côté, semblait me désigner ce point. Je suis Breton, croyant, superstitieux ; je me disais : « Voilà le bon endroit... on peut entrer par là. » La nuit, j'en rêvais ; je revoyais ce pont-levis. La veille, on avait établi là une batterie nouvelle qui devait battre en brèche le rempart et la porte.

La distance était de onze cents mètres! Je vais visiter les batteries... On tirait, mais sans résultat. La plupart des projectiles allaient frapper au-dessus de l'escarpe et se perdaient.

» — C'est une expérience, me dit le commandant de la batterie ; elle ne réussit pas, je m'y attendais ; on m'a ordonné de tirer, je tire ; il faut bien obéir. »

» Une expérience! On en était à faire des expériences, quand chaque minute comptait, quand Paris pouvait être pillé, incendié, détruit.

» Je quitte cette batterie, et je m'en vais déjeuner, seul, dans un petit cabaret, sur la route de Sèvres... Puis je reviens à mon cheminement. La batterie ne tirait plus. Je regarde mon pont-levis, et, en le regardant, je me disais : « Mais ce point est abandonné, il n'y a personne là. » Et la curiosité me prend *d'y aller voir*. Des soldats de ligne gardaient la tranchée avec deux sergents. Pour le moment, pas un officier. Je dis aux soldats :

» — Je ne suis pas un traître, je ne passe
» pas aux insurgés, ne tirez donc pas sur moi,

» quand je vais sortir de la tranchée. Je veux
» aller jusqu'au bord du fossé pour voir de
» plus près ce pont-levis. Si du rempart on
» tire sur moi, répondez au feu. Si je tombe
» et si je ne peux pas revenir, vous irez me
» ramasser, ce soir, à la nuit, pour ne pas vous
» exposer inutilement. »

» Je pars, j'avance, me voilà à découvert, on va tirer sur moi. Rien... J'avance encore, je suis sur le bord du fossé. Je touche le pont-levis... Rien encore. Il est en ruines, mais il me semble qu'avec un peu d'audace et d'agilité on pourrait s'y risquer. J'examine le rempart... Toujours rien. Pas un coup de feu. Pas un être vivant. Je suis là en pleine évidence, en pleine lumière. Les soldats de ligne, dans la tranchée, la tête hors du fossé, me regardent. Je fais deux ou trois cents pas le long du fossé. Je reste là au moins un quart d'heure, et rien ne bouge du côté de Paris.

» Je reviens lentement, très lentement. Je trouve les soldats dans un véritable enthousiasme. Ils m'entourent : « Mon colonel! mon colonel! » Ils voyaient mes cinq galons, et cinq galons, pour eux, c'est un colonel. Ce que je viens de faire leur paraît très hardi, et tous veulent le refaire avec moi. « On peut passer, mon colonel... emmenez-nous, mon colonel. » On peut passer, c'est bien mon avis, mais les emmener, c'est une autre affaire.

» Je leur réponds que je suis là *sans commandement, en curieux, en amateur*, que j'avais le droit de faire ce que j'ai fait, mais que je n'avais pas le droit de le leur faire faire .. Et cependant, il n'y a personne, personne sur ce rempart !

» Je m'assieds dans la tranchée, au milieu de ces braves gens, et là, je réfléchis... Entrer dans Paris, le premier, c'était bien tentant ! Tout d'un coup, du côté de Paris, un homme paraît sur le parapet, agitant un mouchoir blanc et criant des mots qui ne pouvaient venir jusqu'à nous. Tous, nous prêtions l'oreille, tâchant d'entendre, n'entendant pas... Mais voici que l'homme disparaît au milieu de la fumée et de la poussière soulevée par un obus qui vient d'éclater à vingt pas de là. Est-il mort ? Est-il vivant ? Il s'était jeté à terre, il se relève, il agite de nouveau son mouchoir blanc, il crie de toutes ses forces. Et nous en-

tendons distinctement ces mots : « Venez !
» venez ! »

» J'ai là une demi-minute d'hésitation. Était-ce une ruse ? voulait-on m'attirer là, et ensuite nous massacrer, moi et les hommes qui m'auraient suivi ? Peut-être... Mais, peut-être aussi, était-ce un homme qui voulait et pouvait nous ouvrir Paris. La délibération ne fut pas longue.

» Je dis aux soldats qui m'entouraient : « — Mes enfants, cet homme nous appelle, il » faut aller là, et j'y vais. » Tous veulent m'accompagner. Je leur répète que je ne suis pas leur chef, que je puis risquer ma peau, pas la leur, et que j'irai seul. Cependant l'un des sergents me dit : « — Ah ! moi, mon » colonel, je suis le plus ancien sergent de » la compagnie, je veux aller, et j'irai avec » vous. »

» Cela est dit d'un ton si ferme, si net, si simple, que je lui réponds : « Eh bien ! venez, » vous, mais vous tout seul. » Nous partons tous les deux. Nous arrivons au pont-levis. Une seule poutre pour passer, et pas large, et bien avariée, et bien chancelante. Je la tâte du pied. Elle vacille, mais on peut garder son équilibre. Je passe, le premier; le sergent, après moi; nous traversons le fossé, nous sommes dans la place, et nous nous mettons à courir pour escalader le parapet. Nous arrivons à l'homme au mouchoir blanc. Il nous dit :

» — Regardez ! Personne ! absolument per-
» sonne ! Faites entrer les troupes ! »

» Mais à ce moment, un nouvel obus vient tomber à dix mètres de nous. Jamais la batterie de Montretout n'avait tiré avec autant d'abondance et de précision. De là-bas, avec leurs lorgnettes, ils nous voyaient, et, de leur mieux, tiraient sur nous. Pendant quelques instants, nous nous trouvons, tous les trois, le sergent, l'inconnu et moi, dans un tourbillon de fumée, de poussière et de cailloux. Enfin, nous sortons de là, intacts, tous les trois, et l'homme au mouchoir me dit :

» — Je m'appelle Ducatel, j'habite Passy,
» Je suis conducteur des ponts et chaussées.
» Voyez, rien devant vous, rien ! Vous pouvez
» aller jusqu'à la Muette, sans rencontrer de
» résistance, mais vite, vite, faites entrer les
» troupes. »

» Il en parlait bien à son aise. Elles n'étaient pas à mes ordres, les troupes. Enfin, nous repassons, tous les trois, le pont-levis. Des officiers étaient accourus. Les hommes se rassemblaient de toutes parts. Moi j'étais le seul à avoir cinq galons sur ma manche ; on me laisse rédiger et signer la dépêche suivante :

« *Faites entrer les troupes. Nous sommes dans*
» *Paris.* »

» Le général Douay ne me connaissait pas, ne comprend rien à ma dépêche, télégraphie au maréchal, qui télégraphie à M. Thiers, qui, lui, me connaissait. Bref, ce n'est qu'au bout de cinq quarts d'heure que l'ordre d'entrer arrive et que la batterie de Montretout, — elle avait continué de tirer avec acharnement, — cesse de cribler de projectiles notre malheureux pont-levis.

» On jette à la hâte quelques planches sur le pont. Les deux bataillons de tranchée se préparent à entrer, et encore à ce moment, s'élève-t-il entre les deux chefs de bataillon une querelle sérieuse sur une question de préséance. Moi, je n'étais plus rien. Mon rôle était fini. Deux heures après, le général Douay arrivait et les troupes entraient à grands flots, par quatre portes, dans Paris. ».

Nous n'avions pas achevé de dîner, quand nous entendons de grands cris au dehors. Nous sortons. Le ciel est absolument écarlate. Jamais nous n'avons rien vu de semblable. On se précipite sur les voitures. Nous rencontrons M. Limperani, député de la Corse, et nous nous dirigeons vers cette terrible lueur rouge. Est-ce Paris tout entier qui brûle? Nous n'avons pas d'autre pensée. Nous ne trouvons pas une parole à dire.

Nous arrivons au parc de Saint-Cloud par la grille de Ville-d'Avray. La voiture a toutes les peines du monde à avancer au milieu des tranchées prussiennes mal comblées, du sol remué, bouleversé, des troncs d'arbres coupés et jetés au milieu de la route.

Enfin, nous arrivons à la lanterne de Démosthène, c'est-à-dire à ce qui était la lanterne de Démosthène, et à ce qui n'est plus qu'un amas de pierres et de gravois. Ah! ce n'est pas tout Paris qui brûle! Trois grands incendies seulement, mais, parmi ces trois grands incendies, un qui est immense, du côté de la Villette. Il y a un quatrième feu moins violent, du côté de la Bastille.

— Oh ! ce n'est rien celui-là, dit quelqu'un c'est un petit restant d'un grand feu d'hier soir.

Ce quelqu'un ne se trompait pas, c'était un *petit restant* du grenier d'abondance.

Nous restons là jusqu'à minuit, assis sur des arbres renversés, ne pouvant nous arracher à cet affreux spectacle.

Et si, encore, nous étions seuls, nous Français, à voir flamber ces incendies allumés par des mains françaises ; mais non, l'armée allemande est encore à Saint-Denis, et, en ce moment, joyeusement, des officiers prussiens regardent brûler Paris.

---

27 mai 1871. — Ce matin, munis de laissez-passer qui nous donnent le droit de libre circulation dans Paris, nous montons, B*** et moi, sur la place du Château de Versailles, dans une voiture de déménagement découverte. Nous sommes entassés *quinze* dans ce char à bancs. Prix : trois francs par tête Le cocher s'est engagé à nous conduire jusqu'à la grille de l'avenue Uhrich (ancienne avenue de l'Impératrice).

Je suis assis à côté d'un entrepreneur de menuiserie qui habite les Batignolles, et naturellement il se met à me parler de ses affaires. Il a une fille mariée à Versailles ; il a su qu'elle était souffrante ; il est venu la voir et retourne chez lui. Il n'a pas quitté Paris pendant la Commune; il prend les choses avec une parfaite philosophie.

— On a bien exagéré tout ça, nous dit-il. Je ne sais pas, mais, moi, je vais et je viens de Paris à Versailles et de Versailles à Paris; on ne me dit jamais rien. Il n'y a qu'à marcher bien tranquille, les mains dans ses poches. Assurément, c'est triste tout ce qui se passe, mais on n'a pas le temps de s'ennuyer, on voit des choses curieuses, des choses qu'on n'avait pas vues avant nous, des choses qu'on ne verra pas après, des choses qu'on pourra raconter plus tard.

Quand nous traversons les ruines de Saint-Cloud — Saint-Cloud n'existe plus — mon voisin entend nos exclamations.

— Oui, c'est affreux, dit-il. Mais quelles ruines ! on n'a jamais vu de ruines pareilles ! et puis, que voulez-vous ? c'est la guerre..

— La guerre, répond un de nous, en effet, ici, c'est la guerre. Ce sont les Prussiens qui ont brûlé et détruit Saint-Cloud... Et encore ont-ils fait cela inutilement, sauvagement, pendant l'armistice, quand on ne se battait plus ; mais les Prussiens étaient nos ennemis, nous détestaient et voulaient nous faire le plus de mal possible ; tandis que, maintenant, ces ruines, la colonne Vendôme renversée, ces incendies, ce sont des Français qui...

— Oh ! ne dites pas cela, s'écrie l'entrepreneur. Des Français, quelle erreur ! Ce sont les Prussiens, toujours les Prussiens ! M. de Bismarck avait, pendant la Commune, des émissaires à Paris. Ils entraient, quand ils voulaient, comme ils voulaient, à l'Hôtel-de-Ville par une petite porte dérobée... On me l'a montrée. Et la colonne Vendôme, c'est avec l'argent de la Prusse qu'elle a été jetée par terre... J'étais là, sur la place, le 16 mai, quand elle est tombée. C'était un petit ingénieur tout jeune, un malin, je vous en réponds, qui a dirigé l'opération. Il connaissait son affaire, celui-là ! Il n'avait pas fait de frais inutiles : un méchant échafaudage de quatre sous autour du piédestal, trois câbles, trois cabestans, une vingtaine d'hommes, et voilà tout... On avait coupé le bas de la colonne en sifflet... Ah ! il faut être juste, ça été de l'ouvrage bien *faite* !

Il s'arrête un moment, nous regarde avec autorité ; on sent l'admiration de l'entrepreneur de menuiserie, de l'homme du métier pour cet ouvrage si bien *faite*... Il continue :

— On croyait que ça allait s'écrouler violemment, ébranler les maisons du quartier, casser tous les carreaux... Pas du tout... Ça s'est passé en douceur. La colonne s'est couchée bien gentiment, à la place marquée, sur un grand lit de fagots, de sable et de fumier. Il y a eu un grand nuage de poussière, et puis on a vu la colonne par terre, en morceaux, en miettes, en poudre... C'était vraiment curieux. J'avais voulu faire voir ça à mon garçon. Il a douze ans. Il est intelligent. Il travaille déjà à l'atelier comme apprenti, et je lui disais tout le temps, pendant l'opération, — il ne faut pas que les enfants aient des idées fausses, — je lui disais : « Tu entends bien, c'est pas ces gens-là, c'est pas des Français qui jettent la colonne par terre, c'est M. de Bismarck qui fait tout ça, c'est M. de Bismarck ! »

Nous entrons dans le bois de Boulogne. La marche devient laborieuse. Les routes sont coupées par des fondrières, des tranchées, de gros arbres renversés. Entre les deux lacs, nous sommes obligés de mettre pied à terre; la voiture ne peut aller plus loin.

La bataille à Paris n'est pas terminée ; nous entendons distinctement la fusillade et la canonnade. Voici par terre, dans l'herbe, des papiers brûlés, noircis, rongés par le feu. Le vent les a apportés là. Je ramasse un de ces lambeaux de papier. *Dette inscrite. Rente 3 0/0...* C'est le fragment d'un titre de rente au nom d'un M. Desmarets... Cela vient de l'incendie du ministère des finances.

Nous suivons à pied l'avenue de l'Impératrice. Pas une fenêtre ouverte! Pas une voiture! Pas un passant! Et il est dix heures du matin. Autour de l'arc de l'Étoile, campent, les fusils en faisceaux, deux ou trois compagnies de ligne ; dans les Champs-Élysées, même silence, même solitude. Les soupiraux des caves sont partout bouchés avec du plâtre. A la jonction du boulevard Haussmann et du faubourg Saint-Honoré, un peu de mouvement, quelques allants et venants, cinq ou six boutiques entre-bâillées, et une voiture découverte qui rôde, cherchant fortune. Nous hélons le cocher, il nous fait bon accueil.

— Vous m'étrennerez, nous dit-il, c'est ma première sortie depuis la bataille ; seulement, il ne faudra pas aller du côté de la Bastille et du Père-Lachaise, on se bat encore par là, et ferme.

Nous voici en plein Paris.

Je suis un obstiné collectionneur de journaux, d'images populaires et de caricatures. J'avais, il y a un mois, écrit à une brave femme, une ancienne choriste de l'Opéra qui tient une petite librairie rue des Martyrs, de mettre de côté un exemplaire de tout ce qui paraîtrait pendant la Commune. Je me fais conduire rue des Martyrs. A partir de la gare Saint-Lazare, nous retrouvons tout le mouvement, toute l'animation de Paris. Ma marchande de journaux me remet un énorme ballot déjà ficelé à mon intention.

— Emportez cela bien vite, me dit-elle. Il n'y a pas de temps à perdre pour les collections. Toute la police de Versailles va revenir à Paris et recommencer à nous tourmenter. Il est déjà venu, hier soir, un monsieur qui voulait tout saisir chez moi.

Pendant ce temps, les pièces d'une batterie versaillaise de Montmartre tiraient sur le cimetière du Père-Lachaise où se livrait le dernier combat de la Commune.

A chaque coup tiré sur les hauteurs de Montmartre, c'était un effroyable fracas dans la rue des Martyrs ; mais cela ne causait pas la moindre émotion. Personne n'y faisait attention. Il y avait foule chez tous les marchands du quartier. Les ménagères faisaient littéralement queue chez le boucher. C'étaient de tous côtés des plaisanteries, des rires. L'issue de la bataille n'était plus douteuse ; on savait la Commune expirante ; on ne s'en occupait plus, on ne pensait qu'à revivre.

Pendant que je réglais mon compte, une

grosse ménagère à mine réjouie, son panier chargé sur le bras, entre pour acheter un journal :

— En font-ils du vacarme, là-haut, à Montmartre !

— C'est la fin, répond la marchande, c'est le bouquet. Il n'y en a plus pour longtemps.

— Et puis on y est habitué, n'est-ce pas à ce bruit-là, depuis bientôt dix mois.

C'est là surtout ce qui est curieux et précieux à noter en ce moment : l'état d'esprit, les conversations, les sentiments des petites gens, de ceux qui pensent tout haut, librement, ouvertement. Nous autres, nous nous tenons toujours un peu, nous nous surveillons, nous ne nous abandonnons jamais en pleine franchise.

Si quelqu'un, sans la moindre prétention à la littérature, avait fait, de 1789 à 1793, office de fidèle sténographe dans les rues de Paris, il nous aurait laissé un livre qui nous manque. J'ai pris, depuis dix mois, beaucoup, beaucoup de notes en vue d'un tel livre. Il n'aura, si je le publie, d'autre mérite que l'exactitude et la sincérité, mais ce sera bien quelque chose.

Je causais hier, à Versailles, devant les Réservoirs, avec cinq ou six personnes distinguées, cultivées, lettrées ; ces personnes me répétaient, avec de bien légères variantes, ce qu'elles avaient lu et ce que j'avais lu, le matin, dans les journaux. Cet entrepreneur des Batignolles, tout à l'heure, dans le char à bancs, était autrement sincère, autrement *lui-même* dans sa conversation. Rien ne l'arrêtait, ni respect humain, ni souci de l'entourage, ni crainte du ridicule. Il allait naïvement, intrépidement, jusqu'au fond et jusqu'au bout de sa pensée.

Mes interlocuteurs d'hier parlaient, sans nul doute, avec infiniment de grâce et d'esprit ; rien de ce qu'ils disaient, cependant, ne m'a autant frappé que le mot que j'ai entendu, en sortant de chez ma marchande de journaux. Je passais devant la boutique d'un boucher, une vieille femme se chamaillait avec un garçon qui voulait lui glisser trop de *réjouissance*.

— Je croyais, s'écria-t-elle, que vous alliez être plus raisonnable qu'avant la guerre...

Mais je vois bien que ce sera toujours la même chose.

Hélas, oui ! très probablement ce sera toujours la même chose... Mais il est midi ; nous déjeunons en hâte chez Brébant, dans un petit cabinet de l'entresol, avec Meilhac, Bischoffsheim et Chavette, qui ont déjeuné là, tous les jours, pendant les deux mois de la Commune. Nous voulons, avant de retourner à Versailles, faire *le tour des incendies*. Nous avons gardé notre voiture du matin, et, grâce à nos laissez-passer, partout on nous fait place.

Allons d'abord rue de Rivoli... Ce matin, quand nous montions en voiture, à Versailles, notre ami, M. Joseph Bertrand, le secrétaire perpétuel de l'Académie des sciences, nous avait dit : « Vous m'apporterez des nouvelles de chez moi. »

Nous prenons la rue Montmartre ; grand rassemblement près des halles, à la pointe Saint-Eustache ; un obus du Père-Lachaise vient de tomber là, il y a cinq minutes, mais il n'a pas éclaté et n'a fait aucun mal. Nous arrivons devant ce qui avait été la maison de M. Bertrand. Plus rien que quatre murs entourant un immense monceau de décombres encore tout fumant. M. Bertrand a tout perdu: ses papiers, ses livres, ses manuscrits, ses notes, trente ans de travail et d'étude... tout cela est sous ces ruines. Nous avons revu M. Bertrand, le soir, à Versailles. Il avait reçu cette affreuse nouvelle, et jamais plus grand malheur n'a été supporté avec un plus tranquille courage, avec une plus héroïque simplicité. C'est à recommencer, il recommencera.

Nous voici devant l'hôtel de ville... Quelle effrayante et admirable ruine ! On ne devrait pas toucher à ces murs déchiquetés et calcinés par l'incendie. On devrait les laisser là, toujours, en plein cœur de Paris, comme une éternelle leçon, en témoignage de nos fautes, de nos discordes, de nos folies.

A l'intérieur, les grandes charpentes brûlent et fument encore. Tout autour de la place, de grandes barricades effondrées, éventrées. Une clôture de planches entourait l'hôtel de ville ; sur une de ces planches se trouvait une affiche trouée et rongée par le feu. C'est la dernière proclamation de la Commune, elle porte le n° 395... Trois cent quatre-vingtquinze proclamations en deux mois ! *La Commune aux soldats de Versailles. Frères, l'heure du grand combat des peuples contre leurs oppresseurs est arrivée. N'abandonnez pas la cause des travailleurs*, etc., etc.

Avec des soins infinis, — rien n'arrête un collectionneur, — je réussis à détacher cette affiche, et je l'emporte, en souvenir de cette tragique promenade. Nous reprenons notre course; nous traversons le Pont-Neuf, et nous tombons, au carrefour de la Croix-Rouge, sur un vaste incendie ; c'est un immense magasin de nouveautés qui flambe à grand feu depuis quarante-huit heures. Et, tout près de là, les magasins sont ouverts, les passants nombreux, actifs, remuants, affairés, ayant repris l'allure alerte du Parisien ; les rues voisines ont retrouvé leur mouvement, leur caractère, leur allure ordinaires. Je m'arrête et regarde curieusement, pendant cinq minutes, un opticien de la rue du Vieux-Colombier qui, avec infiniment de calme, est en train de *refaire sa montre* ; il range méthodiquement ses lorgnettes, ses lunettes, ses binocles et ses microscopes; sa femme lui donne des conseils ; il sort de sa boutique pour *voir l'effet*, du dehors, sur le trottoir. Et l'incendie fait rage à cent mètres de là, et l'on entend distinctement des coups de canon du côté de la Bastille.

Dans cette course rapide à travers Paris, au milieu de ces ruines et de ces incendies, pendant que l'on se bat encore sur les hauteurs du Père-Lachaise, ce qui m'a certainement le plus étonné, c'est cette reprise immédiate de la vie dans cette grande fourmilière humaine. Derrière les troupes de Versailles victorieuses, la vie ressortait soudainement d'entre les pavés. Oui, ce sont bien des fourmis, quittant leurs trous, et recherchant, et retrouvant, après ce grand bouleversement, leurs petits chemins et leurs petites habitudes d'autrefois.

Nous nous remettons en marche; nous suivons la ligne des quais, et, respirant une odeur âcre qui nous prend à la gorge, nous défilons, à partir du Pont-Royal, entre une véritable haie d'incendies : incendie des Tuileries, incendie de la rue du Bac, incendie de la Caisse des dépôts et consignations, incendie du conseil d'État, incendie du palais de la grande chancellerie de la Légion d'honneur.

La besogne, de ce côté, a été faite en conscience et par des gens entendus.

J'ai vu, depuis dix mois, bien des choses extraordinaires, mais rien de plus étrange, de plus fantastique, que ce que j'ai vu là, tout à l'heure, de mes deux yeux... Entre le pont Royal et le pont de la Concorde, des pêcheurs à la ligne — ils étaient douze, je les ai comptés — étaient installés bien tranquillement, ne s'occupant, en aucune manière, de ce qui se passait au-dessus de leurs têtes, le regard fixé sur les petits bouchons qui frétillaient au bout de leurs lignes et profitant de tous ces désastres *pour pêcher en temps prohibé.*

Nous remontons en voiture au pont de la Concorde; nous trouvons au Point-du-Jour un char à bancs qui, en une heure et demie, nous ramène à Versailles. Quelle journée ! Ce soir, en me déshabillant, je sentais encore flotter autour de moi, comme une odeur de fumée, de soufre et de feu restée dans mes vêtements.

Versailles mercredi 31 mai. — A deux heures, à la Chambre. Je n'avais pas vu la salle de spectacle du château de Versailles depuis le soir de la fameuse représentation offerte au roi d'Espagne. C'était le 20 août 1864. Nous étions M. Auber, M. Perrin, alors directeur de l'Opéra, et moi, blottis dans une petite baignoire, toute sombre, à gauche de la scène. Mes anciens collègues, les secrétaires rédacteurs de la Chambre, sont maintenant installés dans cette loge.

L'Empereur et l'Impératrice — je ne l'ai jamais vue plus radieusement belle que ce soir-là — étaient dans une grande loge, construite de face, au fond de la salle fastueusement décorée. Avec un air de triomphe mal contenu, mademoiselle de Montijo, devenue impératrice des Français, faisait les honneurs de Versailles au roi d'Espagne, à celui qui avait été son roi, et qui n'était plus que son hôte. D'un aspect assez mince, ne faisant pas grande figure, le mari de la reine Isabelle était assis entre l'Empereur et l'Impératrice. Trois grands fauteuils, presque trois trônes, étaient installés sur le devant de la loge. Tout à coup, l'Impératrice fit appeler un chambellan, qui se présenta respectueusement, non pas courbé, mais littéralement plié en deux, en habit rouge, la croix d'or au côté, cordon espagnol bleu de ciel autour du cou. Quelque chose évidemment avait cloché dans l'étiquette, et des paroles sévères étaient adressées au chambellan. L'Impératrice parlait avec une extrême animation; le chambellan rougissait, balbutiait, perdait contenance, s'inclinait de plus en plus, touchait terre; l'Empereur intervint doucement, avec un air d'indifférence et de lassitude, — son air habituel, — cherchant évidemment à apaiser l'Impératrice; le roi d'Espagne était fort gêné; par son sourire, par ses gestes un peu gauches, il disait clairement : « Mais cela n'est rien, rien du tout; cela n'a pas la moindre importance. » La salle entière, fort intriguée, avait les yeux fixés sur ce groupe des trois Majestés.

Et quelle salle! Venus là, tous les trois, avec la troupe, avec l'Opéra, nous étions *seuls* en habit noir. Il n'y avait dans la salle que des uniformes éclatants, des habits brodés sur toutes les coutures; sur les poitrines, des plaques et des grands cordons de toutes les couleurs. Et les femmes! Presque toutes jeunes et presque toutes belles! Un luxe inouï de toilettes ! Un ruissellement de rubis, de perles et de diamants ! C'était un éblouissement. Nous nous demandions si nos affreux habits noirs n'étaient pas la cause de l'incident, s'ils ne faisaient pas scandale au milieu de toutes ces splendeurs; nous nous étions rejetés un peu inquiets au fond de la loge. Nous avions peur d'être expulsés, et c'eût été grand dommage, car le spectacle était merveilleux sur le théâtre aussi bien que dans la salle. Mais non, le scandale, ce n'était pas nous... l'Impératrice se calma; nous ne fûmes pas renvoyés.

Oui, le spectacle était merveilleux ; pour donner de la *Psyché* de Corneille et de Molière une représentation qui n'eut jamais de lendemain, on avait appelé à Versailles la Comédie-Française, les chœurs du Conservatoire et le corps de ballet tout entier de l'Opéra, faisant cortège à mesdemoiselles Fonta, Mérante, Louise Marquet et Eugénie Fiocre. Les plus belles personnes de la Comédie-Française jouaient les rôles principaux : mademoiselle Favart, Psyché; mademoiselle Lloyd, Vénus; mesdemoiselles Rosa Didier et Rose Deschamps, toutes deux divinement jolies, les deux grâces Phaène et Œgiale. L'Amour, c'était Delaunay, dans tout l'éclat de son admirable talent; je l'entends encore murmurer la déclaration d'amour du vieux Corneille :

> Les rayons du soleil vous baisent trop souvent;
> Vos cheveux souffrent trop les caresses du vent;
> Dès qu'il les flatte, j'en murmure.
> L'air même que vous respirez,
> Avec trop de plaisir, etc., etc.

Cela fut dit avec une grâce si tendre que toutes ces nobles spectatrices, bien plus occupées cependant des robes de leurs voisines que des malheurs de Psyché, devinrent soudainement attentives et soudainement émues. C'était l'art qui, sous la forme la plus exquise et la plus rare, s'imposait souverainement à ce très frivole auditoire, peu disposé à subir une telle impression; il est vrai que l'art avait pris le plus sûr chemin pour aller au cœur de toutes ces belles personnes : il leur parlait d'amour.

Cette comédie de *Psyché* avait été commandée, il y a deux siècles, à Molière par Louis XIV. Le carnaval approchait, les ordres du Roi étaient pressants, et Molière se trouva dans la *nécessité de souffrir un peu de secours* — ce sont ces expressions — dans le curieux petit avertissement de la première édition de *Psyché*. Il pria Corneille de lui venir en aide; Corneille *employa une quinzaine* à ce travail et, *par ce moyen, Sa Majesté se trouva servie dans le temps qu'elle avait ordonné.*

La tragi-comédie de *Psyché* fut représentée, pour la première fois, le 17 janvier 1671, dans la salle de spectacle de ce palais des Tuileries dont je voyais, ces jours derniers, fumer les décombres noircis.

Le gazetier Robinet raconte, dans une de ses lettres rimées, que ce ballet *pompeux, auguste*

> Pour divertir la majesté
> Du premier monarque du monde,
> Tant sur la terre que sur l'onde,
> Fut, pour le premier coup, dansé
> En ce vaste sallon dressé
> Dans le palais des Tuileries,
> Pour les royales mômeries.

Selon toute apparence, il n'y aura plus jamais de *royales mômeries* dans le palais des Tuileries, plus jamais de grandes solennités dramatiques; la dernière aura été le concert donné, le 6 mai 1871, dans la salle des Maréchaux, au profit des blessés de la Commune.

spectacle, ce jour-là, n'avait qu'un bien lointain rapport avec la première de *Psyché*. Molière et Corneille n'étaient plus de la fête ; des chansons mi-patriotiques, mi-grivoises, dites par des divas de café-concert, et *la Marseillaise* reprise en chœur par toute l'assistance, voilà quel fut le programme du dernier spectacle de gala du palais des Tuileries.

Les choses sont également bien changées dans la salle de spectacle du château de Versailles. Ce n'est plus mademoiselle Fiocre qui occupe la scène ; c'est M. Grévy. Il est là, grave, digne, froid, en cravate blanche, installé dans le fauteuil du président de l'Assemblée nationale ; un orateur est à la tribune, hérissé, barbu, chevelu ; il parle, et parle mal. La chaleur est extrême, la salle inattentive. Je regardais, moi, le joli rideau de théâtre qu'on a fait tomber derrière le fauteuil de M. Grévy. J'espérais toujours qu'il allait se lever, ce rideau, pour me laisser voir, dans un bois mystérieux, éclairé par la lumière électrique, mademoiselle Fiocre et le corps de ballet de l'Opéra.

La Chambre a déménagé avec tous ses accessoires, comme une troupe de Paris qui s'en va donner des représentations en province. La tribune du palais du quai d'Orsay, cuivre et acajou, a pris place dans la salle de spectacle de Versailles. Les anciens emportaient leurs dieux, les députés emportent leur tribune. La sonnette aussi est la même. C'est la sonnette de M. Sauzet, la sonnette de M. Dupin, la sonnette de M. Marrast, la sonnette de M. de Morny; c'est aujourd'hui M. Grévy qui carillonne, et, après lui, qui sait? Le déménagement du Corps législatif a été une admirable opération : on n'a rien oublié. Tout à l'heure, en entrant dans la salle des séances, j'ai vu venir à moi, tout glorieux, un vieil employé de la Chambre.

— Ah! m'a-t-il dit, savez-vous que c'est moi qui ai eu le bonheur de sauver le grand timbre sec de la Chambre des députés, le grand timbre sec qui *seul* peut rendre les lois valables? J'ai réussi à le faire sortir de Paris, le 19 mars, et, songez donc! s'il était resté aux mains des membres de la Commune... Mais ils ne l'avaient pas, et, rien que par cela, tous leurs actes, tous leurs décrets étaient entachés de nullité.

J'avais connu ce brave garçon autrefois à la Chambre; il me parlait du ton le plus convaincu. Il pensait de la meilleure foi du monde avoir sauvé la France, en sauvant le grand timbre sec du Corps législatif. Je l'ai accablé de félicitations.

Cette séance est d'un ennui mortel. Je sors. Dans la cour de Marbre, au-dessus de la porte par laquelle, tous les jours, entrait et sortait Louis XIV, on a accroché une méchante planche badigeonnée, portant ces mots: MINISTÈRE DE L'INTÉRIEUR, et, près de cette porte, appuyé contre le mur, un garçon de bureau fume sa pipe. Dans le parc, solitude absolue; je vais jusqu'au Petit-Trianon, même solitude. Voici la ferme, la vacherie, le presbytère, et sa petite colonnade. Voici les vieux carrosses des rois de France, les voitures du sacre, le traîneau de la Du Barry.

Il y a deux mois, sur la place d'Armes de Versailles, au milieu des pièces de siège et des caissons d'artillerie, se trouvait un très étrange prisonnier qui venait d'être ramené de Paris : c'était l'omnibus numéro 470 de la ligne du pont de l'Alma au Château-d'Eau. Il avait été pris par les troupes sur la barricade de Neuilly. Littéralement criblé de balles, tous les carreaux brisés, les ferrures de l'impériale tordues; à l'intérieur, les coussins crevés, percés, traversés de coups de baïonnette, les boiseries déchiquetées, émiettées, toutes les petites affiches réclames pendant en lambeaux; la foule se pressait pour regarder dans l'omnibus, entre les deux banquettes, une grande mare de sang du plus beau rouge. On aurait dû la mettre, cette voiture, au Petit-Trianon, parmi les vieilles voitures des souverains; elle y serait parfaitement à sa place : l'omnibus, aujourd'hui, c'est la voiture du souverain.

Samedi 3 juin. — Rien de plus extraordinaire que cette brusque renaissance de Paris. Ce soir, à neuf heures et demie, le long des boulevards, toutes les boutiques ouvertes, les cafés éclairés et regorgeant de monde : grande foule, gaie, bruyante, animée, et sur tous les visages comme un étonnement de revivre si vite et si facilement. Les omnibus et les voitures circulent librement, plus de coups de canon ; par centaines, flottent aux fenêtres de joyeux drapeaux tricolores.

C'est ce soir la réouverture du Gymnase ; on joue *les Femmes terribles*, de Dumanoir, et *les Grandes Demoiselles*, de Gondinet. Je monte sur la scène, et, non sans émotion, je revois des coulisses, des machinistes, des habilleuses. Landrol est là.

— Vous savez, me dit-il, que nous avons joué, tous les soirs, pendant la Commune : le 21 mai, le jour de l'entrée des troupes dans Paris, nous donnions la première représentation des *Femmes terribles*, avec Desclée devant une salle pleine.

— De billets donnés ?

— De billets payés ! Deux mille cinq cents francs de recette ! Assi était dans la loge de l'Empereur avec plusieurs membres de la Commune. On est venu les chercher, pendant l'entr'acte du second au troisième acte. Après la pièce, comme je montais pour me déshabiller, je rencontre Montigny qui me dit : « Les troupes sont dans Paris et tiennent déjà Passy et le Gros-Caillou, il est bien probable que nous ne jouerons pas demain. » Et nous n'avons pas joué, mais nous sommes, ce soir, les premiers à rouvrir, les premiers !

Landrol me dit cela avec un orgueil touchant; ce n'est pas seulement un excellent comédien, c'est aussi un homme excellent, qui aime de tout son cœur cette vieille maison du Gymnase, où il a eu de si grands et de si légitimes succès.

Je monte dans la loge de Desclée.

— Ah! me dit-elle, je vais bien, très bien, mais, si vous saviez, j'ai des bombes plein mon appartement. Les insurgés s'étaient emparés de notre maison, et, de mes fenêtres, tiraient sur les Versaillais, alors les Versaillais, — et je ne leur en veux pas — envoyaient des bombes sur le 77 du boulevard Magenta.

— Et vous, pendant ce temps, où étiez-vous ?

— Où j'étais ? Dans la cave. Tout le monde s'était réfugié dans la cave, mais, quand je suis arrivée là, j'ai trouvé une foule énorme, tous les locataires et tous les boutiquiers de la maison, des enfants qui criaient, des femmes

qui pleuraient, se jetaient à genoux, croyaient leur dernière heure arrivée, récitaient des prières, s'accusaient tout haut de leurs péchés. J'ai fini par découvrir, derrière la loge de la concierge, une sorte de petit caveau voûté, avec un tonneau, des bouteilles... Je me suis fait apporter là par Césarine (c'est sa vieille bonne) un bon fauteuil, une petite table et une lampe. Je me suis installée dans mon fauteuil et j'ai repassé tranquillement mon rôle des *Femmes terribles*. Boulot, mon vieux chien, s'était couché et endormi à mes pieds. Césarine marmottait des *ave* dans un coin. Tout d'un coup, j'ai eu faim. Je dis à Césarine : « Essayez
» donc de vous glisser dans la salle à manger et
» rapportez-moi une tranche de viande froide. »
Elle part, mais revient, au bout de quelques minutes, éperdue, bouleversée, agitée d'un tremblement nerveux, et d'une voix entrecoupée : « Il n'y a plus rien là-haut, plus
» rien... plus de porte, plus de salle à manger,
» plus de buffet, plus de viande froide ! Il faut
» voir ça, madame, il faut voir ça !... tout est
» en miettes ! Tout est confondu ! » C'était la vérité. Un obus avait éclaté au beau milieu

de la salle à manger, et je vous promets que je n'inviterai personne à dîner, la semaine prochaine; mais ça ne fait rien, je ne me plains pas, j'ai un drapeau tricolore à ma fenêtre, la salle est pleine et je fais de l'effet.

Mardi 6 juin. — Devant les ruines de l'hôtel de ville, une famille anglaise, le père, la mère, une grande jeune fille de seize ans, un petit garçon de douze ans. Voici la conversation textuelle :

LE MARI. — Ça ne fume plus.

LA FEMME. — Non, ça ne fume plus.

LA JEUNE FILLE. — C'est très beau. *(A beautiful sight.)*

LA FEMME. — Oui, très beau, très beau et tout à fait à sensation. *(Quite sensational.)*

LE MARI. — C'est très beau, mais pas à sensation... ça ne fume plus... Il fallait venir, il y a huit jours... Ça fumait encore...

LA FEMME. — Nous n'avons pas pu venir.

LE MARI. — Nous n'avons pas pu venir à cause de votre sœur qui s'était installée chez nous et qui ne voulait pas s'en aller

LA FEMME. — Elle arrivait d'Amérique; je ne l'avais pas vue depuis deux ans.

LE MARI. — Je sais bien... je sais bien! Mais enfin, ça fumait il y a huit jours, et ça ne fume plus.

LE PETIT GARÇON. — Papa, il y a peut-être ailleurs quelque chose qui fume encore dans Paris.

LE MARI. — Il n'y a plus rien... Non, il n'y a plus rien.

LA FEMME. — Le *Galignani* d'aujourd'hui parle d'un incendie tout récent à Belleville.

LE MARI. — Oui, l'incendie est d'avant-hier; mais je me suis informé à l'hôtel... Ça n'était rien du tout... Ah! il fallait venir huit jours plus tôt. Enfin! Allons voir la colonne Vendôme.

LE PETIT GARÇON. — Elle est toujours par terre, papa?

LE MARI. — Oui, heureusement.

LE PETIT GARÇON. — Eh bien, alors, allons-y tout de suite!

TOUS. — Oui, c'est cela, allons-y!

La conversation continue. Ils s'éloignent.

Vendredi 9 juin. — Une personne véritablement éloquente, c'est la marchande d'images et de livres religieux qui a sa petite boutique sous le porche de l'église Notre-Dame-des-Victoires.

— Ah! monsieur, me disait-elle hier, nous n'étions pas un club, nous étions pis que cela : nous étions une caserne. Tout un bataillon de Belleville est venu s'installer ici avec armes et bagages. Ils ont réquisitionné des matelas dans le voisinage, et l'église est devenue un grand dortoir d'insurgés. Tant qu'il n'y a eu que des hommes, ça pouvait encore se tolérer; mais voilà qu'au bout de huit jours, ils se sont ennuyés d'être comme ça tout seuls, sans femmes... Alors, l'un après l'autre, ils ont fait venir leurs dames, légitimes ou non, et ceux qui n'avaient ni femmes, ni maîtresses, ramassaient, le soir, n'importe quoi, au coin de la rue. Ils faisaient l'exercice dans l'église, et la cuisine, et autre chose, et tout enfin... C'est-à-dire que le bedeau, qui est resté là, tout le temps, par dévouement, pour surveiller, dit qu'il a peur d'être damné, rien que pour avoir vu ce qu'il a vu... Les petites chapelles étaient plus recherchées que le maître-autel et que le chœur, parce que c'était plus retiré, plus commode et plus intime... et voilà qu'un soir, à minuit, il y a eu un combat entre deux de ces demoiselles qui se disputaient une place à côté de la statue de saint Pierre, la grande statue de bronze qui a des indulgences plénières de Notre Saint-Père le Pape. La bataille a fini par un coup de revolver, et la balle a écorné le marbre noir du monument de Lulli. Le pillage avait déjà commencé avant l'arrivée des femmes; mais après, ç'a été bien autre chose. Nous étions la plus riche église de Paris, et nous sommes maintenant la plus pauvre... On nous a tout pris : couronnes, diadèmes, bracelets, colliers, etc., etc., tout a disparu... Cependant, on a déjà retrouvé certains objets; l'autre jour, par exemple, le beau collier de la Vierge, chez la femme d'un insurgé; il valait plus de douze mille francs. Après la chasse aux bijoux, ç'a été la chasse aux cadavres. Ils ont levé la grande dalle de l'autel de la Vierge, déterré la bière du curé Desgenettes, brisé, l'un après l'autre, les trois cercueils... Ils croyaient trouver de l'or; mais le saint homme ne s'était fait enterrer qu'avec ses vertus, et ils n'ont rien eu qu'un squelette, qui s'en est allé en poussière... Ça les avait tout de même mis en train... Ils ont continué à fouiller dans les caveaux. Ils ont trouvé des squelettes de pauvres moines, qui étaient enterrés là depuis des centaines d'années. Autant de squelettes, autant d'assassinats et de viols commis par des prêtres. Ça ne faisait pas question. Ils n'en étaient pas moins enragés de ne mettre la main que sur de vieux os, et alors, de tout ce qu'ils ont déterré, ils ont fait une exposition payante. L'entrée était de deux sous, au bénéfice des blessés, c'est-à-dire au bénéfice du marchand de vin. Il y avait dans l'église un grand étalage de débris de squelettes; puis, au dehors, sur les marches, pour attirer le monde, cinq ou six têtes de morts qui étaient entourées d'un grand tapis rouge... C'est-à-dire qu'il ne manquait que des clarinettes et des trombones habillés en Polonais, comme à la foire. Et ils n'avaient pas loin à aller pour s'en procurer, des Polonais... Il n'y avait que ça dans leur armée... De vrais saltimbanques, monsieur, mais les saltimbanques du crime et du sacrilège !

***

Samedi 10 juin. — Aujourd'hui, c'est avec le donneur d'eau bénite de l'église Saint-Séverin que j'ai causé, un petit vieux ratatiné et recroquevillé, dont Balzac eût fait ses délices. Je lui ai acheté le dernier numéro de *la Semaine religieuse*, et il est entré tout aussitôt, de la meilleure grâce du monde, en conversation avec moi.

— Ah ! monsieur, m'a-t-il dit, notre pauvre église ! Un club... Ces communards en avaient fait un club ! Vous comprenez bien que moi, tout de suite, je me suis sauvé. Je ne pouvais pas rester dans l'église, quand le diable était dedans et le bon Dieu à la porte. Et puis, d'ailleurs, c'est pas ces gredins-là qui m'auraient acheté des *Semaines religieuses* et des *Apparitions miraculeuses*. Mon petit commerce était mort. Je suis donc rentré chez moi, sans laisser, comme de juste, une seule goutte d'eau dans le bénitier. Cependant, un soir, dans les premiers jours de mai, je n'ai pas pu résister, j'ai voulu la revoir, notre pauvre église changée en enfer. Ah! monsieur, je n'y ai pas *duré* longtemps. J'arrive, une tabagie... et des cris... et des jurements! Une femme avait grimpé dans la chaire, une grande maigre, en bonnet, avec un châle rouge noué en croix sur la poitrine et qui criait : « Qu'on nous conduise à l'ennemi ! » Pendant qu'elle se démenait dans la chaire, voilà qu'il arrive un homme qui vous l'empoigne par les jupons et qui veut la faire dégringoler d'en haut de l'escalier. Mais elle se débattait, se raccrochait, se cramponnait, avec des coups de pied et des coups de poing. « J'ai pas fini, qu'elle disait, je ne fais que de commencer! » L'homme criait plus fort qu'elle : « C'est pour une communication de la Commune ! » Moi, cependant, je m'étais faufilé au milieu de la foule. Je voulais voir si on avait fait du dégât à ma petite installation. Je retrouve tout, tout bien à sa place, mon banc, mon armoire, mon bénitier. Rien de cassé, rien de dérangé... Pendant que je regardais tout ça et que je me disais : « Quand donc me retrouverai-je assis là dedans, entre mon eau bénite et ma librairie ? » un homme passe avec deux femmes, une de ces femmes met la main dans le bénitier et dit : « Comment ! pas d'eau bénite ! C'est donc une baraque, c't'église-là ! » Et l'autre femme lui répond : « C'est pas de l'eau bénite que je voudrais voir là dedans, c'est du sang de Versaillais, et plein à déborder, il y aurait plaisir alors à faire le signe de la croix... ce serait le signe de la croix rouge. » Et s'adressant à moi, en me donnant une grande tape sur l'épaule : « N'est-ce pas, mon petit vieux ? » Et voilà les deux femmes qui se mettent à rire aux éclats. Je me suis en allé, sans leur répondre et sans leur dire que c'était moi qui étais le donneur d'eau bénite.

———

Lundi 12 juin. — La salle des Pas-Perdus, au Palais de Justice, est assurément la plus extraordinaire de toutes les ruines. C'est un effondrement prodigieux, un écroulement gigantesque.

A côté de cet amas de décombres, la première chambre fonctionne régulièrement, et, le jour de ma visite au Palais de Justice, un petit avocat blond plaidait, devant un tribunal endormi, une vieille affaire de séparation de corps.

. - Voilà de braves gens qui, au mois de juillet dernier, étaient à la veille d'être débarrassés légalement l'un de l'autre. La guerre éclate ; puis, après la guerre, la Commune. Ce monsieur et cette dame ont eu dix longs mois pour réfléchir et se raccommoder ; mais leur colère était tenace, et les avocats sont déchaînés. De la plaidoirie du petit avocat blond, j'ai saisi au vol le passage suivant : « Quant à l'épisode du café au lait, il a été singulièrement dénaturé et grossi par mon honorable adversaire. Voici les faits : Mon client avait l'habitude de prendre du café au lait ; la cliente de mon adversaire préférait le chocolat. Un matin, mon client dit à sa femme : « Si vous preniez du café au lait comme moi, cela serait plus commode pour la cuisinière. » Là-dessus, madame L*** s'emporte. « Quoi ! s'écrie-t-elle, vous voulez m'empêcher de prendre du chocolat ! Quoi ! vous voulez m'obliger à prendre du café au lait ! — Mais je n'ai pas dit cela. — Je vous demande pardon. C'est la tyrannie la plus odieuse ! La vie commune devient impossible, etc., etc., » La scène n'a pas eu plus d'importance. Jamais mon client n'a eu l'intention d'interdire le chocolat à madame L***. Quant à l'épisode également dramatisé de la loge du Gymnase, etc., etc. »

Je suis parti avant l'épisode de la loge du Gymnase. L'épisode du chocolat me suffisait, et je m'en allai, très satisfait d'avoir pu constater par moi-même que les affaires reprenaient, au Palais de Justice comme ailleurs.

Mardi 13 juin. — En fourrageant dans le magasin d'un marchand de bric-à-brac, je découvre un album de photographies, un album admirable, en maroquin bleu à gros grain, couronne de comte sur la couverture et les initiales *A. F.* J'ai acheté cet album et voici la liste exacte, dans leur ordre de classement, de toutes les photographies contenues dans ce volume. Cette simple liste n'est-elle pas toute notre histoire politique, mondaine, littéraire depuis vingt ans ?

L'Empereur, l'Impératrice, le Prince impérial, la princesse de Metternich, la marquise de

Galliffet, Rouher, Baroche, Rochefort, Pierre Bonaparte, Victor Noir, Paschal Grousset, Buffet, Daru, madame Marguerite Bellanger, Émile Ollivier, Bismarck, Offenbach, mademoiselle Blanche d'Antigny (dans le *Petit Faust*), le maréchal Lebœuf, Thérésa (dans la *Chatte Blanche*), Troppmann, la reine d'Angleterre, madame Ristori, Alexandre Dumas fils, le maréchal Bazaine, le général Prim, Caroline Hassé, Émile Augier, Nieuwerkerke, Bressant, mademoiselle Schneider (dans les *Diables roses*), Courbet, Émile de Girardin, le zouave Jacob, M. de Moltke, Rossini, comtesse de Pourtalès, Frédérick Lemaître, madame Carette, Boulton et Parck, Bache, le Pape, le cardinal Antonelli, mademoiselle Fiocre (en Amour), Edmond About, Latour-Dumoulin, madame Thierret, monseigneur Bauer, Thiers, Gambetta, Garibaldi, Céline Chaumont (dans la *Princesse de Trébizonde*), monseigneur Dupanloup, le général Changarnier, Cora Pearl, Louis Veuillot, Gil Pérès, la Patti, le marquis de Caux, madame Frezzolini, Hyacinthe (du Palais-Royal), le père Hyacinthe, Renan, Jules Favre, Ponson du Terrail, madame Bordas, le duc et la duchesse de Morny, Berryer, Léotard, la reine d'Espagne, Sardou, Fille-de-l'Air, le roi Guillaume, Timothée Trimm, Céline Montaland, madame de Castiglione et M. Guizot.

Jeudi 15 juin. — Le général Chanzy, hier à la Chambre, a prononcé le plus héroïque, et, en même temps, le plus coupable des discours ; le plus héroïque, car il s'est diminué et calomnié, lui, Chanzy, pour grandir Gambetta ; le plus coupable, car le général Chanzy n'avait pas le droit de disposer de l'honneur même de ses soldats.

La thèse du général Chanzy est celle-ci : « Que les accusations contre Gambetta sont injustes et passionnées, que les armées de province étaient puissantes et bien organisées, etc., etc. » Qu'il y ait de l'injustice et de la passion dans les attaques dirigées contre Gambetta, soit. Son âme est très française, et il n'y a pas à mettre en doute son courage et son patriotisme. Mais il ne faut jamais laisser dire, pour l'honneur de notre pays, que les armées de province étaient puissantes et bien organisées. S'il en avait été ainsi, elles auraient

6

dû être victorieuses, et le général Chanzy aurait dû battre les Prussiens.

Pourquoi le général Chanzy ne dit-il pas tout simplement la vérité, la vérité qui serait à sa gloire et à la gloire de son armée? Le général Chanzy sait bien pourquoi il a été battu; il sait bien quelles troupes il avait dans la main, quelle préparation ces troupes avaient reçue, quelles fatigues, quelles souffrances elles avaient endurées, dans quel délabrement était sa cavalerie, dans quel désarroi, son artillerie, dans quel dénuement, ses services de santé et d'intendance.

Le général Chanzy a fait admirablement son devoir à la tête de soldats qui se sont vaillamment comportés, mais qui ont été battus, parce qu'ils ne pouvaient pas tenir contre les régiments du prince Frédéric-Charles, parce qu'ils n'étaient qu'*une foule* et qu'ils avaient affaire à *une armée*. Oui, ces recrues françaises, à Beaune-la-Rolande, à Orléans, à Marchenoir et devant le Mans, ont livré d'héroïques combats aux vétérans de M. de Moltke. Ils ont été vaincus, mais ils n'ont pas été déshonorés, et ils l'auraient été, si les paroles du général

Chanzy étaient vraies, si les armées de province avaient été puissantes et bien organisées. Non, je le répète, il ne faut jamais laisser dire que ces troupeaux d'hommes étaient des armées... *C'étaient des armées faites pour être battues,* comme disaient les Prussiens, car cette phrase est une phrase allemande. On les envoyait à la défaite et à la mort. Elles y allaient sans discuter. Elles se faisaient battre. Elles mouraient ; mais non sans honneur pour la France. Voilà la vérité !

Le général Chanzy a toujours trop pensé à la gloire de Gambetta, et pas assez à la gloire de la France. Après la bataille du Mans, il a publié un ordre du jour qui a profondément affligé tous ceux qui savaient ce que c'était que l'armée du Mans, et ce qu'elle avait fait pour le pays.

« Des défaillances honteuses, a dit le général Chanzy, une panique inexplicable ont amené certaines parties de l'armée à compromettre des positions importantes. Un effort énergique n'a pas été tenté, malgré les ordres immédiatement donnés, et il a fallu abandonner le Mans... »

Eh bien, ce langage était injuste et cruel...
L'armée du Mans s'était admirablement conduite. Entre le 6 et le 12 janvier, les Prussiens avaient eu plus de quatre mille hommes hors de combat... Qu'il y ait eu, sur un point, des paniques, des défaillances, soit; mais il conviendrait d'examiner s'il faut en accuser les soldats, ou bien ceux qui livraient à l'ennemi des hommes ne sachant rien du métier des armes, et ayant entre les mains les célèbres fusils achetés par M. Place, en Amérique.

Un honnête homme, un ancien député de Bretagne, M. Fresneau, dans une lettre admirable de force et de vérité, a pris contre le général Chanzy, la défense des mobiles d'Ille-et-Vilaine.

« L'échec du Mans, a-t-il dit, est l'œuvre du camp de Conlie ; on saura tout ce qui a été dépensé d'ineptie cruelle pour transformer des Bretons en fuyards, en déserteurs et en lâches... Couchés, ou plutôt ensevelis dans la neige, sans autre vêtement qu'une blouse en serge brûlée, sans une chemise de rechange, les mobilisés bretons recevaient deux petites bottes de paille pour huit hommes, et cette paille, promptement réduites en fumier, servait, sans être renouvelée, pendant plusieurs semaines. Ces tortures se sont prolongées, pendant plus d'un mois, dans ce camp de soixante à quatre-vingt mille hommes. Le quart de ces malheureux est mort à l'hôpital. Quand, par malheur, un bataillon changeait de campement, il restait quelquefois vingt-quatre heures et plus, sans manger. La ville de Rennes tout entière a vu cela. Non que les vivres manquassent : ils abondaient, mais, en pleine sécurité, loin de l'ennemi, l'intendance, les mains pleines d'or, ne trouvait pas les moyens de nourrir nos soldats. Il n'a pas été fait d'exercice au camp; les armes, même mauvaises, faisaient défaut. Et dans ce camp d'instruction, si bien nommé camp de destruction, il n'a été brûlé de poudre que celle qui a salué, impérialement, sur le théâtre de leurs exploits, les organisateurs d'une si belle œuvre, etc., etc. »

A leur tête, M. Glais-Bizoin, à qui le camp de Conlie avait été abandonné et qui venait constamment en passer la boue en revue... On battait aux champs; M. Glais-Bizoin saluait.

Les mobiles étaient électrisés... pas nourris, pas chaussés, pas armés, pas commandés... mais électrisés et fanatisés par la seule vue de M. Glais-Bizoin.

Le général Faidherbe n'a pas encore parlé à la Chambre, mais il vient de publier une brochure qui vaut bien un discours. Cette brochure est dédiée à Gambetta : « Monsieur, dit le général Faidherbe, c'est à vous que je dois l'honneur d'avoir commandé une armée française devant l'ennemi, etc., etc. »

Ce petit début plein de reconnaissance et d'humilité ne m'étonnerait aucunement si cette brochure était signée de tel piqueur des ponts et chaussées, fait d'emblée général pendant la guerre, ou de tel rédacteur de journal qui recevait le képi aux trois étoiles en échange d'une belle série d'articles enthousiastes sur le gouvernement de Tours ; mais c'est le général Faidherbe qui parle ainsi, un général de division du génie, l'ancien gouverneur du Sénégal, un des officiers les plus brillants et les plus glorieux de l'armée française, le général Faidherbe qui, par sa situation (il commandait la division de Constantine) et par son mérite incontesté, se serait imposé au choix de n'importe quel gouvernement!

Qu'était-ce donc que cette petite armée commandée par le général Faidherbe, petite armée à laquelle il a fait faire de très grandes choses? Un témoin oculaire a raconté en ces termes l'entrée de l'armée du Nord à Cambrai : « Dès l'aube, on vit arriver l'armée. Quel triste et navrant spectacle! Des soldats en guenilles, couverts de boue jusqu'au-dessus de la ceinture, harassés, épuisés de fatigue, le visage creusé par les privations, se traînant péniblement, douloureusement. Leurs chaussures et leurs pantalons n'étaient plus que des masses informes de boue. Un grand nombre d'entre eux marchaient pieds nus. Ils n'avaient plus rien du soldat. C'était l'armée en haillons. Par la rue conduisant à la gare, arrivaient les charrettes de blessés. Ces malheureux, pâles, hâves, l'œil sombre, les uns déjà amputés, les autres n'ayant pas même été pansés, semblaient attendre tranquillement la mort, sinon la désirer. »

Et le *Progrès du Nord* reconnaissait que *beaucoup de soldats étaient sans chaussures ou avaient des chaussures si mauvaises qu'elles tombaient en lambeaux pendant la marche*, etc., etc. Voilà quelles étaient ces armées *puissantes* et *bien organisées*, et pourtant, sous l'énergique direction du général Faidherbe, ces soldats de l'armée du Nord ont su pendant, longtemps, tenir tête aux Prussiens. Eh bien, en bonne conscience, n'était-ce pas à eux plutôt qu'à Gambetta qu'il aurait dû dédier sa brochure, et pourquoi ne nous a-t-il pas parlé de la misère, du dénuement et des souffrances de tant de braves gens qui, à Bapaume et à Pont-Noyelles, n'ont pu que mourir pour la France?

Vendredi 16 juin. — Lu et relu la lettre qu'Alexandre Dumas fils vient d'adresser au rédacteur en chef du *Nouvelliste de Rouen*. Que de passages éclatants de raison, d'esprit et d'éloquence ! Dumas espère que le plus grand bien, si nous savons *vouloir*, peut résulter, non seulement pour nous, mais pour le monde entier, de l'épreuve que nous traversons. Il ne nous demande qu'une chose pour cela : avoir le courage d'être raisonnables pendant dix ans, et de ne penser, pendant ces dix ans, ni aux Abeilles, ni au Coq, ni à l'Aigle, ni aux Lis. Hélas ! c'est peut-être beaucoup nous demander. Ce qui est certain, c'est que Dumas vient d'écrire vingt pages qui sont une merveille de bon sens et de patriotisme.

———

Ville-d'Avray, mercredi 24 juin. — Une petite charrette passe, tous les matins, devant ma porte, pour enlever les boues et les ordures ; cette petite charrette est administrée par un vieux ménage, le mari et la femme, tous deux en loques et en haillons. Hier, je sortais, lisant un journal ; ces pauvres gens étaient là, faisant leur besogne, la pelle à la main.

— Y a-t-il quelque chose de nouveau dans le journal, monsieur ? me dit la femme.

— Non, rien...

— Rien de nouveau... mais, est-ce que les rois ne vont pas revenir ?

— Les rois !... quels rois ?

— Ah ! je ne sais pas, moi... ça m'est égal, lesquels... mais les rois de France, enfin... Parce que, voyez-vous, s'il y avait des rois, il y aurait une cour, de la grandeur, de la tranquillité.

— Et puis, ajoute le mari, du moment que ça n'a pas pu marcher avec Rochefort, il faut reprendre les rois de France.

Là-dessus il cria : hue ! à son petit bidet. La femme répéta : hue ! Pierrot !... Et la charrette s'éloigna.

Cette conversation me rappelait une autre conversation que j'avais eue avec un cocher de remise, le 4 septembre 1870. Ce cocher était dans le délire... Il fouettait son cheval, le faisait courir au triple galop, en criant de toutes ses forces : « Vive la République ! Vive la République ! » Et, pendant que je le payais :

— Ah ! monsieur, me dit-il, la République ! Rochefort au pouvoir ! C'est le plus beau jour de ma vie ! Et puis le comte de Paris va revenir... Il sera roi de France, et ce sera encore le plus beau jour de ma vie, parce que, voyez-vous, moi je suis deux choses à la fois : républicain d'abord, et puis ensuite ancien postillon du roi Louis-Philippe.

Vendredi 23 juin. — Visite à M. Perrin. Il va quitter la direction de l'Opéra pour prendre le gouvernement du Théâtre-Français, et c'est M. Halanzier, selon toute apparence, qui le remplacera rue Le Peletier. Mais M. Perrin s'occupe, cependant, de la réorganisation de l'Opéra et de la remise en mouvement de cette grande maison. Je le trouve sur la scène. Les petits sujets et les coryphées répètent, en costume de danse, pour la première fois, depuis la fermeture du théâtre.

Elles sont là une trentaine de danseuses, éparpillées par petits groupes, leurs robes de tarlatane blanche éclairant la demi-obscurité du théâtre; elles vont et viennent, causant avec animation; en voici une qui, penchée, rattache le ruban de son soulier; une autre, debout sur ses pointes, fait, toute droite et comme piquant le plancher, un assez long parcours, puis retombe sur ses pieds, après une pirouette, en disant, avec un geste le plus gentil du monde :

— Qu'est-ce qu'elle me chantait donc, maman, que j'avais perdu mes pointes, pendant la guerre! Je savais bien que non, moi! Ça ne se perd pas, les pointes!

Et elle refait, triomphante, une nouvelle petite promenade sur les pointes.

Enfin, une de ces scènes que mon ami Degas a bien souvent dessinées d'une main s juste et si précise, avec tant de finesse et de vérité.

Je m'approche d'un groupe où la conversation est pleine d'entrain. C'est une petite coryphée, blonde et fort jolie, qui raconte la chute de la colonne Vendôme.

— J'étais là, dit-elle, au premier rang et j'ai acheté une complainte qu'on vendait, rue de la Paix; je l'ai apprise par cœur.

— Chante-la, chante-nous-la.

— Oh! non, pas ici.

On insiste, elle cède, et, d'une voix aigrelette, elle fredonne une complainte dont je n'ai retenu que ce couplet :

> Enfin, il faut qu'il succombe
> A cinq heures trente-cinq !
> Quel exempl' pour Henri cinq !
> La colonn' s'incline et tombe
> Et Napoléon premier
> S'abime dans le fumier.

D'ailleurs, au moment où la jeune chanteuse commençait la morale de la complainte :

> Peuple, apprends par cette histoire
> A n' plus porter...

Une voix s'éleva, la voix du maître de ballet, qui interrompit brusquement la chanson : « A vos places, mesdemoiselles, à vos places ! »

Toutes, d'un seul mouvement, s'envolèrent, comme une compagnie de perdreaux, et je vis la double rangée des coryphées venir se mettre bien correctement en ligne sur la scène.

Je ne pouvais pas quitter le théâtre, sans avoir présenté mes respects à madame Monge, la concierge du petit passage noir. La concierge de l'Opéra a toujours été un personnage historique. Madame Monge a remplacé la célèbre madame Crosnier, qui fut, depuis la Restauration jusqu'en 1854, la farouche et incorruptible gardienne des coulisses de l'Opéra. Je la vois encore, la mère Crosnier, enfermée dans sa guérite, avec ses yeux perçants, son grand bonnet de linge tuyauté, et je l'entends s'écrier d'une voix aiguë, d'une voix terrible : « Où allez-vous ? Votre nom ? On ne passe pas. » Mais, quand elle voyait apparaître les grands habitués de l'Opéra : M. Aguado, M. de Morny, M. de la Valette, M. Daru, M. de Montguyon, Meyerbeer, Auber, Roqueplan, Scribe, le docteur Véron, etc., etc., elle changeait aussitôt de visage, et devenait aimable et souriante autant que le lui permettait sa figure rébarbative. C'étaient des amis, ceux-là, et ils s'arrêtaient, et ils causaient, pendant quelques minutes, gens du monde et gens de théâtre, avec cette concierge légendaire. Ces brillantes relations, c'était toute la joie, tout le bonheur de la mère Crosnier. Par malheur, elle eut un fils, et, par malheur, il se trouva que ce fils fut un homme très intelligent qui se mit d'abord à écrire quelques articles de journaux et quelques vaudevilles; puis à faire des affaires ; puis à faire fortune. Sa première pensée fut aussitôt de tirer sa mère de cette loge de concierge. Elle jeta les hauts cris. Jamais, jamais elle n'abandonnerait l'Opéra ; c'est là qu'elle avait vécu, là qu'elle mourrait! En 1830, son fils devint directeur de la Porte-Saint-Martin : elle resta concierge. Crosnier prit, en 1845, la direction de l'Opéra-Comique, et, à deux pas de là, de l'autre côté du boulevard, sa mère tirait le cordon. Enfin, Crosnier devint riche, tout à fait riche, et député de Loir-et-Cher, en 1852, avec sa mère, obstinément concierge. Mais les choses prirent un aspect absolument tragique, lorsqu'il fut nommé administrateur général de l'Opéra pour le compte de la liste civile. Une mère concierge, passe encore ; mais une mère *pour* concierge, cela devenait impossible. Il fallut expulser madame Crosnier *manu militari*. Elle résista, se débattit, succomba, fut arrachée de sa loge, et mourut, je crois, peu de temps après.

Madame Monge hérita du cordon et des belles relations mondaines et artistiques de madame Crosnier.

Il y avait foule aujourd'hui dans la loge de madame Monge; une vingtaine de choristes, machinistes, mères de danseuses, y étaient entassées, et tous, attentivement, écoutaient le récit que cette brave femme leur faisait, avec la plus sincère émotion de la bataille qui s'était livrée le 23 mai, autour de l'Opéra. Elle était restée là, dans sa loge, seule avec deux machinistes qui n'avaient pas quitté le théâtre.

Les fédérés se battaient bravement; plusieurs jusqu'à la fin restèrent dans la cour, tiraillant par la porte entre-bâillée, sur les troupes qui arrivaient par la rue Drouot. Tout d'un coup, on entend des cris : « Vive la ligne ! » Les fédérés, tous blessés, se sauvent et se réfugient dans les caves.

« Et alors, dit madame Monge, la porte s'entr'ouvre, et je vois apparaître un petit fourrier, la tête et le fusil en avant. Ah ! quand j'ai vu ce pantalon rouge, j'ai compris que c'était fini, et que l'Opéra rouvrirait bientôt ! »

Mercredi 28 juin. — Comme il a dû être heureux aujourd'hui, M. Thiers! Il a passé, au bois de Boulogne, une grande revue de cent mille hommes; son armée a défilé devant lui, car c'était bien son armée. Trois cent mille Parisiens étaient là, et de longues acclamations, pendant quatre heures, se sont élevées au passage de chaque bataillon ; on ne pouvait se lasser de ce spectacle. Ainsi donc, Paris était encore debout, il y avait encore une France, et nous avions encore une armée. En regardant défiler ces charmants, alertes et vaillants petits soldats, en voyant rouler ces canons et passer au galop ces quarante escadrons, je me rappelais l'admirable lettre de Dumas et je me disais : « Comme nos malheurs seraient vite réparés, si nous avions seulement ces dix années de sagesse et de raison ! »

Samedi 1er juillet 1871. — Sur le perron du théâtre des Variétés, je rencontre le plus alerte et le plus jeune petit vieillard qui soit au monde. Sémillant, pimpant, coquet, tiré à quatre épingles, redingote noisette, badine à la main, gants gris perle, cravate de couleur tendre, un bouton de rose à la boutonnière. C'est le père Dupin. Son âge, il ne le dit pas ; mais il était au théâtre *l'ancien* de Scribe, et Scribe aurait aujourd'hui plus de quatre-vingts ans.

J'ai toujours eu un goût très vif pour la

conversation du père Dupin, mais je ne lui parle jamais que des choses d'il y a longtemps, très longtemps. Il n'a plus qu'un vague souvenir de ce qui s'est passé sous la monarchie de Juillet; mais il a gardé, très nette et très précise, l'impression de tous les les petits événements dramatiques et littéraires des premières vingt années de ce siècle. Il y a aujourd'hui, dans toute sa personne, un air de bonne humeur et de gaieté. L'occasion me paraît favorable. Tâchons de le faire un peu bavarder. Je débute par cette question :

— Quand avez-vous monté, pour la première fois les trois marches de ce perron?

— C'était le soir de l'ouverture du théâtre.

— En quelle année?

— En quelle année... Cela, je ne sais trop... Je me souviens que c'était en été, en plein été, sous le premier Empire. J'ai fait queue, là, en plein soleil, pendant tout l'après-midi... Les théâtres ne fermaient jamais à cette époque-là, Paris était aussi gai, aussi animé en été qu'en hiver; on n'avait pas cette absurde manie de la campagne! on ne voyageait pas, on n'allait pas aux eaux, on n'avait pas inventé ces bêtes de chemins de fer qui ont fait tant de mal aux théâtres!.. Enfin... que voulez-vous? c'est ainsi. Et vous me demandiez?

— L'année de l'inauguration du théâtre des Variétés?

— C'était... attendez... on venait de recevoir la nouvelle d'une grande bataille.

— Quelle bataille?

— Ah! je ne sais plus... Il y en avait tant de grandes batailles, dans ce temps-là, mais ce que je sais, c'est que ma première pièce, le Voyage à Chambord, a été jouée, pour la première fois, l'année suivante, au théâtre du Vaudeville... Et c'était au moment où Napoléon a fait venir Talma, pour jouer des tragédies, dans une petite ville d'Allemagne...

— Erfurth?

— Erfurth... oui, je crois que c'est bien le nom... Et Talma a joué là devant l'empereur de Russie... Chose... Comment s'appelait-il donc?

— Alexandre.

— Alexandre... c'est cela même. Je l'ai vu

bien souvent l'empereur Alexandre, au spectacle, en 1814, à Paris. Un homme superbe !... Il aimait beaucoup les petits théâtres. Eh bien ! j'ai été joué pour la première fois, en 1808, et les Variétés ont dû ouvrir pendant l'été de 1807.

C'est ainsi que, par des souvenirs de théâtre, nous avons retrouvé cette date de l'ouverture des Variétés. Le père Dupin n'a que des souvenirs de théâtre : 1815 n'est pas pour lui l'année de la restauration des Bourbons, c'est l'année de la première représentation de *l'Écharpe blanche ou le Retour à Paris*, une pièce de lui. 1830 n'est pas l'année de l'avènement du roi Louis-Philippe, c'est l'année de la première représentation de *M. de la Jorbadière ou la Révolution impromptue*, une autre pièce de lui. Chacune de nos crises politiques a été pour le père Dupin l'occasion d'un vaudeville de circonstance avec couplets, rondeaux et pots-pourris. Il ne sait de notre histoire que ce qu'il a pu mettre en chansons. Le reste n'est rien, ne compte pas, n'existe pas.

— On venait de la bâtir, la salle des Variétés ?

— Oui, les acteurs des Variétés, Brunet en tête, Brunet, le grand Brunet !...

Il prononça le nom de Brunet avec la plus respectueuse admiration. Il avait dit, tout à l'heure, fort légèrement, fort cavalièrement, le nom de Napoléon; et c'était à Brunet que, sans hésiter, il décernait l'épithète de *grand*... Il continua :

— Les acteurs des Variétés avaient été obligés de quitter la salle de la Montansier. Leurs vaudevilles avaient plus de succès et faisaient plus d'argent que les tragédies du Théâtre-Français. L'Empereur rendit un décret qui leur retira la salle du Palais-Royal... On leur permit de construire une nouvelle salle sur le boulevard Montmartre — un affreux quartier pour un théâtre ! — C'était presque la campagne! il n'y avait pas une seule de ces grandes maisons que vous voyez là. Rien que de petites échoppes à un seul étage, des espèces de méchantes baraques en bois, et les deux petits panoramas du sieur Boulogne... Pas de trottoir... Le sol en terre battue entre deux rangées de grands arbres... Quelques vieux fiacres et cabriolets passaient de temps en temps. La campagne, enfin, c'était la campagne!

Il répétait ce mot avec une véritable horreur! Nous allions et venions sur le trottoir, entre la rue Vivienne et la rue Montmartre, à l'heure la plus animée et la plus vivante de la journée, dans cet endroit qui est le plus animé et le plus vivant de Paris, et qui était *la campagne*, il y a soixante ans.

— Et vous souvenez-vous du spectacle d'ouverture des Variétés?

Il n'eut pas, là, une minute d'hésitation.

— Si je m'en souviens !... comme si j'y étais. On a joué une pièce de Désaugiers... Ah! Désaugiers! quel homme! quel chansonnier !... Le *Panorama de Momus*... Toute la troupe jouait dans cette pièce. Et quelle troupe! Cazot, Joly, Brunet, et madame Cuizot, et madame Mengozzi...

Il disait tous ces noms d'un seul trait, sans une incertitude de mémoire, lui qui, tout à l'heure, cherchait le nom de l'empereur Alexandre.

— Il y avait de belles, de très belles femmes, dans ce temps-là, moins criquettes que celles d'aujourd'hui. Il y a de jolies femmes, à présent, pas de belles femmes ! Ce sont les guerres de l'Empire qui ont appauvri la race...

— Et quand avez-vous été joué pour la première fois aux Variétés?

— Oh! tard, très tard... J'ai eu de la peine à arriver aux Variétés... en 1815 seulement. Une pièce en un acte en collaboration avec Scribe, *le Bachelier de Salamanque*.

Il avait dit, avec un naturel délicieux, ces mots : « Tard, très tard... en 1815 seulement. »

— Scribe... Ah! quel homme! S'il y avait un Scribe aujourd'hui, le théâtre ne serait pas où il en est. Il n'avait qu'un défaut : il aimait la campagne! il avait acheté un château, il avait des fermes, des poules, des vaches... Et il m'emmenait quelquefois, de force, chez lui, à Séricourt... Au bout de vingt-quatre heures, je me sauvais. Je n'ai jamais pu vivre que sur le boulevard, entre les Variétés et le théâtre Feydeau... Et je disais à Scribe : « C'est mal à vous d'aimer la campagne... Un auteur dramatique n'a pas le droit d'aimer la campagne. Voyez Auber, il n'a jamais voulu sortir de Paris. »

— Et vous avez donné beaucoup de pièces aux Variétés?

— Une cinquantaine... et, tenez, j'en apportais une à Bertrand... mais il n'est pas là... il est à la mer! Car il y a encore cette autre manie : la mer! Un directeur de théâtre à la mer! Oui, je lui apportais ça... C'est un vaudeville anecdotique ; cela se passe au sérail... Il y a pour Dupuis un rôle de chef des eunuques!

Il tira un manuscrit de sa poche. Je n'ai jamais vu, d'ailleurs, depuis quinze ans, le père Dupin sans un ou plusieurs manuscrits dans ses poches, qui sont, à cet effet, larges et profondes... Il me montra son manuscrit, il l'agita, il le brandit :

— C'est une pièce, ça, une vraie pièce, avec des situations, des quiproquos, des couplets, des péripéties, une pièce faite sur un bon scénario bien détaillé... Une pièce d'après l'ancienne méthode... et c'était la bonne, et on y reviendra... On a inventé un nouveau théâtre dans ces derniers temps. Des pièces bien écrites, avec des mots, avec du style !... Des mots, c'est détestable, les mots, dans les pièces ! Il n'y a qu'un esprit au théâtre : l'esprit de situation. Scribe me disait un jour : « Quand mon sujet est bon, quand mon scénario est bien net, bien complet, je pourrais faire écrire la pièce par mon concierge ; il serait porté par la situation, et la pièce réussirait. » Scribe avait raison... Il avait de l'esprit, beaucoup d'esprit. Lui aussi, quand il le voulait, dans la conversation, faisait des mots, mais dans ses pièces, jamais ! Il n'admettait que l'esprit de situation. Et ce qu'il faisait, c'était du théâtre. Et ma pièce pour Bertrand, c'est du théâtre... Et ça aussi, c'est du théâtre !

En disant cela, il tapait sur la poche gauche de sa redingote... Son vaudeville anecdotique était sorti de la poche droite, et, dans la poche gauche, il y avait un opéra-comique en un acte.

— Cela, me dit le père Dupin, c'est pour Leuven, c'est un opéra-comique, mais un vrai, un opéra-comique *comique*, pas un de ces opéras-comiques lugubres, de la nouvelle école, ces opéras-comiques où l'on hurle de grands duos d'amour qui n'en finissent pas, où l'on se désespère, où l'on se tue, où l'on meurt au dénouement avec de grands cris... Il faut revenir à l'opéra-comique, aux choses légères, aux petites romances, aux petites chansons.

— Oh! les petites chansons aujourd'hui...

— Aujourd'hui! aujourd'hui! C'est à cause de ce qui vient de se passer que vous dites cela... à cause de cette guerre, de ces défaites? Raison de plus pour rester Français. Si nous nous amusons à devenir tristes, ce sera la fin des fins, la fin des théâtres, la fin de tout... Oui, je sais bien, les cinq milliards, l'Alsace, la Lorraine... Eh bien ! nous les avions prises, on nous les reprend, nous les reprendrons... J'en ai vu, moi, des révolutions, des guerres, des invasions... et la France est toujours la France... Tenez... j'ai fait une chanson là-dessus... attendez... Je vais vous la dire... Elle est dans mon portefeuille.

Il avait dans son portefeuille une dizaine de petits feuillets tout chargés de petits vers... Il se met à chercher.

— Non, ce n'est pas cela... Je vous l'ai déjà chantée, chez Meilhac, l'autre jour, celle-là : *Il n' faut qu'un coup pour tuer un loup.* Vous vous rappelez ?...

— Oui, oui, je me rappelle.

— Ah ! voici... voici...

Et, m'obligeant à rentrer dans le vestibule du théâtre des Variétés, il me chante, non sans un certain art de diction, un long rondeau patriotique : *La France étant toujours la France, les Français toujours des Français.* Puis, la chanson dite, il regarde l'heure à sa montre :

— Cinq heures... Oh! je vais manquer Leuven. Je lui ai dit hier que je lui porterais mon opéra-comique... Il m'attend au théâtre... Au revoir ! au revoir !

Je le regardai s'en aller, d'un pas léger, sur le boulevard, cet auteur, joué, pour la première fois, le 11 juillet 1808 ! Je viens de retrouver la date exacte du début du père Dupin. Cette première pièce était un vaudeville en un acte intitulé : *le Voyage à Chambord ou la Veille de la première représentation du Bourgeois gentilhomme.* La moindre piécette portait alors deux titres, et ces titres prenaient quelquefois un développement extraordinaire. Les pièces n'avaient pas seulement deux titres, elles avaient toujours, au moins, deux auteurs. Et le collaborateur de M. Dupin, pour le *Voyage à Chambord*, était Desfontaines, ce Desfontaines qui a signé une centaine de pièces avec Piis, Radet et Barré. Desfontaines, qui avait été censeur royal sous Louis XV et bibliothécaire de Monsieur sous Louis XVI, était né en 1733. Il avait donc soixante-quinze ans quand il donna, aux Variétés, *le Voyage à Chambord*. Il racontait à son jeune collaborateur qu'il avait été présenté à Crébillon, dans les coulisses de la Comédie-Francaise, quand celui-ci, âgé de plus de quatre-vingts ans, donna sa dernière tragédie... Et Crébillon, né en 1674, avait vingt-cinq ans, lorsque Racine, le vrai, le grand, pas Louis, mourut, en 1699, dans sa petite maison de la rue des Marais. Ainsi donc il n'y a que deux personnes, Crébillon et Desfontaines, entre Racine et le père Dupin, que deux personnes entre Louise Michel et madame de Maintenon.

Que d'anecdotes j'ai su me faire conter par

le père Dupin ! Elles me reviennent, en ce moment, en foule, à la mémoire. J'étais assis, un soir, à côté de lui, à l'orchestre de l'Opéra-Comique ; on jouait le *Tableau parlant.*

— Ah ! me dit-il, j'ai vu une bien curieuse représentation du *Tableau parlant.* L'Empereur assistait à la représentation, c'était peu de temps après son retour de Russie. Voilà Colombine qui attaque son air :

> Ah ! vous étiez ce que vous n'êtes plus,
> Vous n'étiez pas ce que vous êtes,
> Et vous aviez pour faire des conquêtes,
> Et vous aviez ce que vous n'avez plus.
> Ils sont passés ces jours de fêtes !
> Ils sont passés et ne reviendront plus !

Et Colombine répétait cinq ou six fois, avec des vocalises et des fioritures : *Ils sont passés ces jours de fêtes ! Ils sont passés, ils ne reviendront plus !...* Dans la salle, un silence de mort. Personne n'osait fixer ouvertement les yeux sur l'Empereur, mais, tout le monde, en dessous, de côté, le regardait. Lui, restait immobile, impassible, ne bougeant pas, paraissant ne rien entendre. Personne n'osait applaudir, et la chanteuse bouleversée, comprenant d'où venait ce grand silence, se mit à trembler de tous ses membres et balbutia plutôt qu'elle ne chanta la dernière reprise de l'air.

Le père Dupin n'avait pas, d'ailleurs, gardé de l'Empereur une bien favorable impression. Comme, un jour, je lui disais :

— Mais vous avez vu Napoléon plus et mieux que nous n'avons vu Louis-Philippe.

— Si j'ai vu Napoléon... Plus de cent fois.

— Il était beau, n'est-ce pas ? très beau...

— Napoléon, beau !... C'était un petit gros qui avait l'air commun.

Il m'a fait souvent, dans les mêmes termes, cette même réponse; c'était évidemment la dernière impression qu'il avait gardée de l'Empereur. Peut-être, du haut de ce même perron des Variétés, attendant l'heure de la répétition d'un de ses deux cents vaudevilles, Dupin avait-il vu passer, sur le boulevard, pendant les Cent-Jours, l'Empereur, épaissi, alourdi, assombri... Cette dernière impression avait subsisté, emportant, effaçant toutes les autres. D'ailleurs Napoléon n'aimait que le grand art, Talma, la tragédie... Il avait peu de goût pour le vaudeville et les chansons. Dupin, à cause de cela, lui en voulait un peu.

Cependant, après 1830, l'Empereur redevint populaire et fut chanté par le père Dupin. Il y a quelques années, sur les quais, j'avais déniché, dans une case de bouquiniste, un à-propos intitulé *Napoléon à Berlin ou la Redingote grise* (deux titres toujours), représenté aux Variétés le 15 octobre 1830. Auteurs : Dumersan et Dupin. Vers quatre heures, le père Dupin arrive chez Meilhac (il y vient tous les jours).

— J'ai trouvé une pièce de vous, lui dis-je.

— Quelle pièce ?

— *Napoléon à Berlin ou la Redingote grise.*

— *Napoléon à Berlin...* Je n'ai jamais fait cette pièce-là.

— Elle est de vous pourtant.

— Mais non...

— Mais si... Et la pièce a été jouée aux Variétés en 1830.

Je lui montre alors, sur la couverture de la brochure, son nom faisant suite au nom de Dumersan.

— Ah ! me dit-il, c'est vrai... Et attendez... Il y a là dedans un couplet qui est de moi. Il

était dit par Lhérie et bissé tous les soirs...
Je me le rappelle.

Et il se met à nous chanter sur le motif de l'air de Figaro, dans *le Barbier* :

>Vive à jamais ce fils de la victoire,
>Nous le suivons, en chantant, à la gloire.
>Ah ! le grand homm', quel général !
>Quel général que l' petit caporal !

Il avait oublié le titre de la pièce, mais il se souvenait de ce couplet *qui était de lui.*

Nous l'avions emmené, un jour, dîner au pavillon Henri IV, non sans peine; c'était aller à la campagne, et il avait, tout d'abord, fait une énergique résistance. Il vient cependant, et, en arrivant sur la terrasse, s'arrête, regarde le point de vue et nous dit :

— Autrefois, pour venir ici, il fallait traverser une affreuse forêt... une forêt déserte... C'était très dangereux... Elle était là... tenez... cette forêt !

Et il nous montrait les bois, les villas et le champ de courses du Vésinet.

Je le rencontre, un jour, place Clichy, à quatre heures de l'après-midi... C'est un des endroits les plus populeux et les plus animés de Paris.

— C'est ici, me dit Dupin, que j'ai tué mon premier lièvre.

— Ici, votre premier lièvre !...

— Oui, j'avais dix-huit ans, on ouvrait ici la chasse sous l'Empire.

Et celui qui tuait son premier lièvre, place Clichy, en 1805, me chantait, tout à l'heure, un rondeau sous le péristyle des Variétés.

Dimanche 2 juillet 1871. — On vote, on vote, on vote. Nous avons, pour compléter la députation de Paris, à nommer vingt-deux députés. Je suis allé déposer mon bulletin dans ma section, et j'ai découvert que c'était une très curieuse chose que de regarder voter. Ce n'est pas un spectacle monotone, tant s'en faut. Rien ne ressemble moins à un électeur qu'un autre électeur. C'est une très curieuse succession de types changeants et variés à l'infini. Rien de plus curieux que ce petit défilé.

L'électeur sérieux, solennel, convaincu. Il

remplit un devoir ; il est digne ; il est austère, il fait de sa plus belle écriture un beau paraphe sur le registre d'émargement et marche vers cette boîte de bois blanc qui va recevoir son bulletin de vote, comme un prêtre vers le tabernacle qui contient le corps de son Dieu. Il remet son bulletin au président avec un geste dramatique et d'un air inspiré. Il a là sa minute de souveraineté. Il en jouit délicieusement. Il se sent roi.

L'électeur qui a le mépris du suffrage universel. On lui a dit : « Il faut voter ! il faut voter ! C'est un devoir. » Et il est venu, mais ce n'était vraiment pas la peine de se déranger. Il est, lui, un homme intelligent, mais les autres !... Ah ! les autres !... Le suffrage universel, quelle folie ! Son bulletin de vote va disparaître et se noyer parmi les bulletins de vote d'un tas de nigauds et de va-nu-pieds. Il fait sur le registre, avec négligence, un affreux petit gribouillis. Il jette sur les membres du bureau un regard ironique. Il sent qu'il sera battu. Il est de la minorité. Il en est fier.

L'électeur mystérieux qui ne veut pas

qu'on sache de quelle façon il vote. Il a fait de son bulletin un petit paquet ou un petit rouleau. Il est inquiet, soupçonneux. Il guette de l'œil le président de la section. Il regarde son bulletin tomber dans la boîte, et il examine la boîte. N'y aurait-il pas de double fond ?

L'électeur qui a le courage de son opinion. Réactionnaire ou démocrate, il entre, la tête haute, son bulletin tout ouvert à la main, et laissant voir le nom de son candidat. Le président lui dit : « Pliez votre bulletin. — A quoi bon ? je ne me cache pas, j'ai le courage de mon opinion. — C'est la loi. Pliez votre bulletin... » Il se résigne, il plie son bulletin, et il sort, comme il est entré, promenant autour de lui des regards assurés. Il vous écrase de son audace et de sa résolution.

Voici M. Prudhomme, l'admirable, l'éternel, l'immuable M. Prudhomme. Il a amené sa femme et son petit garçon. Il veut que le petit ait vu voter son père, et, en sortant, il dit à ce jeune moutard : « *Ton père vient de déposer son bulletin dans l'urne. — Mais, papa, c'était une boîte. — Cette boîte était une urne, mon enfant.* »

Un vieux monsieur infirme vient voter au bras de son domestique, et en même temps que son domestique. Il vote le premier ; puis, c'est le tour du valet de chambre ; son maître le regarde et se dit : «Antoine m'avait promis de voter comme moi pour le candidat réactionnaire. Il vote peut-être pour le socialiste. » Et je gagerais qu'il en est ainsi. Le domestique vote rarement comme le maître. « Je viens d'aller voter, disait un jour un valet de chambre, *j'ai annulé monsieur.* »

Enfin voici la rencontre de l'électeur riche et de l'électeur pauvre. Le millionnaire descend de son coupé, devant la porte de sa section, au milieu des distributeurs de bulletins, et se heurte au vagabond. Le premier prend le bulletin *bleu* ; le second, le bulletin *rouge*. Ils entrent tous deux. Le millionnaire regarde les loques du déguenillé : « Quand on pense, se dit-il, que cela vote, que cela vote... comme moi ! » Le déguenillé se dit : « Je te vaux aujourd'hui, et, bientôt, grâce à cette petite boîte de bois blanc, ce sera tous les jours, mon jour ! »

Il a raison, le vagabond, ce jour qui sera

tous les jours a grande chance de venir, et de venir régulièrement, légalement, de par le suffrage universel. Il y a quelques années, à la campagne, le jour du scrutin pour le renouvellement du conseil municipal de notre petite commune, j'allais remplir mes devoirs d'électeur, et, devant moi, serpentaient, zigzaguaient, ondulaient sur la route, deux autres électeurs, mes égaux et mes frères. C'étaient deux notables buveurs, très gais, d'ailleurs, l'air bon enfant, mais parfaitement gris. Ils allaient, tout comme moi, faire acte de souveraineté.

Au moment où j'allais les dépasser, le plus chancelant de ces deux électeurs disait à son camarade :

— Eh bien, de quoi! un conseiller municipal... V'là t'y pas une affaire!... Et quand même ça serait un député... les députés! Nous sommes plus que les députés, vois-tu, puisque c'est nous qui les nommons et que ça n'est pas eux qui nous nomment... N'y a qu'la nation qui compte, et la nation, c'est nous !

— Ça, c'est bien vrai, dit le second ivrogne, la nation, c'est nous !

Ils entrèrent dans la salle du vote et déposèrent leur bulletin... Ils avaient raison, parfaitement raison. Vous m'accorderez bien qu'il y a, tous les dimanches — on vote le dimanche — cent mille ivrognes répartis dans tous les cabarets de France. Eh bien! le jour du vote ces cent mille ivrognes comptent pour cent mille, et MM. Victor Hugo, Thiers, de Mac-Mahon, Meissonier, Pasteur, Berthelot, Émile Augier, Alexandre Dumas, Taine et Renan comptent pour dix. Voilà le suffrage universel!

J'ai entendu, ces jours derniers, un cocher de tramway dire très énergiquement, en peu de mots, son opinion sur le suffrage universel. J'étais sur l'impériale du tramway, tout près du cocher qui causait avec un voyageur, mais cette causerie n'était qu'un monologue, car le voyageur ne soufflait mot et jouait docilement, avec des sourires et des gestes d'approbation, le rôle de confident muet.

Le cocher parlait, parlait, parlait, répétant toujours la même chose.

— Pour mener ces voitures-là, voyez-vous, c'est pas la peine d'être cocher, on est là emboîté dans deux petites rigoles... C'est pas moi qui mène mes chevaux, c'est mes chevaux qui me mènent... Autrefois, avant la guerre, j'étais dans une grande maison. Là, il fallait être cocher... Mais ici il n'y a qu'à laisser rouler. Seulement il faut avoir du *taque* (il voulait dire du *tact*)... Il faut pouvoir apprécier le danger à trente mètres devant soi... Il faut le deviner... et puis on a affaire à de tels idiots... C'est pas à moi de me déranger. Je peux pas... je suis emboîté... C'est à eux, les idiots... Eh bien! n'est-ce pas? une supposition... V'là une charrette qui se trouverait devant moi, menée par une brute, par un homme de la campagne. Je me mets à corner, à corner, à corner...

Et, en disant cela, notre cocher, pour ajouter à l'effet de son récit, pressait du pied la pédale de son cornet et faisait un vacarme de tous les diables. Les autres voyageurs de l'impériale qui n'entendaient pas le monologue, ne comprenaient rien à cette musique enragée. Pas un obstacle. Pas une voiture devant le tramway. Pourquoi ce tapage? Le cocher, après avoir suffisamment corné, continua son récit :

— Ils ne se dérangent pas, les animaux!... c'est-à-dire qu'il y a des moments où on a des envies de les enlever, de leur passer dessus, de les mettre en bouillie; si on ne le fait pas, c'est par humanité. Non, voyez-vous, c'est un métier stupide. C'est-à-dire que ça me fait honte, quand je rencontre de mes camarades d'autrefois, des cochers qui sont dans de grandes maisons, des cochers qui sont des cochers, enfin!

Il recommençait indéfiniment son même discours dans les mêmes termes, quand, tout d'un coup, au coin d'une rue, une charrette se plante devant le tramway, et, sans se soucier des cris, des coups de fouet et du cornet du cocher, continue paisiblement son chemin au pas, au tout petit pas. C'était une charrette avec une bâche, une voiture de la halle... Quelque maraîcher sommeillait probablement là-dessous. Notre cocher écumait :

— Tenez, en v'là un de ces idiots... un de ces abrutis!

Le cornet faisait un tapage d'enfer; la voiture enfin se dérange, nous laisse passer et le cocher, désignant le conducteur de la charrette, avec un geste de mépris, prononce cette parole admirable :

— Et dire que ça vote !

Lundi 3 juillet. — Avant-hier, samedi, le comte de Paris, qui sera peut-être, un jour, roi de France, a dîné à Versailles, chez celui qui est, pour le moment, roi de France, M. Thiers. Oui, notre maître, celui qui peut faire de nous à peu près ce qu'il lui plaira, celui qui peut, à sa fantaisie, nous conduire à la république ou nous ramener à la monarchie, c'est ce petit bourgeois, spirituel et éloquent, qui vient de reprendre Paris à la Commune et de refaire l'unité nationale.

J'ai gardé très net le souvenir de la séance du Corps législatif, où M. Thiers fit sa rentrée au Palais-Bourbon. C'était le 6 novembre 1863, le jour de l'ouverture de la session. M. de Morny présidait la Chambre. M. Thiers alla se placer à gauche, dans les bancs supérieurs, au-dessous de M. Jules Simon, à côté de M. Lanjuinais. Tous les regards étaient braqués sur lui, et aussi sur M. Berryer, l'autre grand *rentrant* de ce jour-là. M. Thiers était très gai, très remuant, très alerte. Il retrouvait là un certain nombre d'anciens collègues de la Constituante et de la Législative; on l'entourait avec force salutations et poignées de mains. J'étais alors secrétaire rédacteur du Corps législatif. Installé à une petite table, au-dessous de la tribune, entre mes amis Maurel-Duperré et Anatole Claveau, j'écrivais les comptes rendus de la Chambre. J'avais près de moi, assis sur un petit tabouret, le doyen des huissiers de la Chambre, la chaîne d'argent au cou et l'épée au côté. Je faisais très volontiers la causette avec lui. Il avait vu bien des choses, et, ce jour-là, il me dit :

— Regardez M. Thiers. A-t-il l'air content ! On dirait un poisson qui rentre dans l'eau. J'étais déjà huissier à la Chambre, quand il a été nommé député, après 1830. Il m'a reconnu tout à l'heure, il m'a dit : « Tiens, vous êtes encore ici ! » Ça avait l'air de l'étonner. Pourquoi n'y serais-je pas, puisqu'il y est ?

M. de Morny, dans son discours d'ouverture, fit, avec beaucoup de bonne grâce et de courtoisie, allusion à la rentrée politique de grandes notabilités parlementaires, déclara qu'il se réjouissait de retrouver d'anciens collègues et qu'il ne doutait pas de la loyauté de leurs intentions, etc., etc.

M. de Morny, le lendemain, alla aux Tuileries voir l'Empereur. Celui-ci lui fit compliment de son discours.

— Cependant, ajouta-t-il, il y a une phrase un peu vive sur l'élection de M. Thiers. Vous avez dit : *Pour ma part, je me suis réjoui.* C'est beaucoup : réjoui; c'est beaucoup.

M. de Morny répondit qu'il s'agissait de collègues avec lesquels il avait eu autrefois d'excellentes relations, etc., etc.

— Allons, allons, répliqua l'Empereur très gaiement, il faut que j'en prenne mon parti, je suis entouré d'ennemis. Vous êtes orléaniste, décidément vous êtes orléaniste.

M. Thiers et M. de Morny étaient, en effet, très liés avant le coup d'État; mais ces bons rapports furent brusquement interrompus, le 2 Décembre. M. Thiers fut un des premiers députés arrêtés par les ordres de M. de Morny. Aussi, depuis cette époque, la brouille avait-elle été complète; on ne se saluait même pas. Mais, quand M. Thiers fut élu député et dut

rentrer dans cette Chambre présidée par
M. de Morny, un raccommodement parut nécessaire de part et d'autre.

Le vendredi 7 novembre 1863 — le lendemain de l'ouverture de la session — M. Thiers
vint, *par hasard*, à une heure et demie, voir
les tableaux de la galerie de M. de Morny.
Cinq minutes après, le président du Corps législatif passa par là également *par hasard*. On
se rencontra devant le fameux portrait de
Rembrandt, on se donna des poignées de
mains, il y eut un petit bout de conversation,
Rembrandt en fit les frais, et tout fut dit.

M. Thiers *reparla*, pour la première fois, le
12 novembre 1863. Il soutint, contre l'élection
d'un candidat officiel, M. Noubel, la protestation de son ami M. Baze, le farouche questeur.

La curiosité était très grande; le désappointement ne fut pas moins grand. M. Thiers fit
tout simplement un petit discours d'affaires
très sobre et très bref. Il ne parla pas plus
d'une dizaine de minutes. Il commençait à
peine, et déjà il avait fini; on aurait dit qu'il
avait voulu essayer sa voix, reprendre le diapason de la salle.

Mais si ce premier discours eut peu d'effet et de retentissement, M. Thiers, ce jour-là, se rattrapa par un mot charmant. L'Empereur venait d'être repris de cette rage de congrès, qui le tourmenta toute sa vie. Dans le discours d'ouverture de la session, il avait parlé de la nécessité d'un congrès appelé à mettre fin au malaise de l'Europe, et comme, après la séance, on parlait de ce projet, dans la salle des Conférences :

— J'ai vu quelquefois des consultations de médecins, dit M. Thiers, mais des consultations de malades, jamais !

La véritable rentrée parlementaire de M. Thiers eut lieu, le 11 janvier 1864, dans la discussion de l'adresse. Je vois encore monter à la tribune ce petit bonhomme si souvent crayonné par mon ami Cham. De ce petit corps, j'entends sortir une petite voix grêle et pointue, la plus sèche et la plus désagréable des voix ; sur la figure d'un certain nombre de députés qui n'avaient jamais entendu M. Thiers, on lisait clairement cette pensée : « Quoi, c'est cela, M. Thiers, ce n'est que cela ! mais M. Rouher n'en fera qu'une bouchée. » Deux ou trois membres de la droite crièrent : *Plus haut ! Plus haut !*

— Soyez tranquilles, répondit M. Thiers, vous m'entendrez tout à l'heure.

Et le fait est que, tout d'un coup, on l'entendit, la petite voix. Elle prit de l'accent, du corps, de l'autorité. Un grand silence se fit, un silence tel que je n'en ai jamais *entendu*, car le silence s'entend très bien. Je dirai même que la valeur et la puissance d'un orateur peuvent se mesurer au silence qu'il impose à une assemblée.

Ce même vieil huissier, dont je parlais tout à l'heure, était grand admirateur de M. Thiers. Les huissiers sont chargés, à la Chambre, d'assurer le silence. Dès qu'un murmure s'élève, menaçant de couvrir la voix de l'orateur, les deux huissiers, assis à droite et à gauche de la tribune, jettent trois ou quatre : *Silence ! Silence !* Or, un jour, ce vieil huissier disait, en voyant M. Thiers monter à la tribune :

— Ah ! c'est M. Thiers ; il n'y a plus rien à faire pour nous. On ne bronche pas quand M. Thiers est à la tribune. Les mouches n'osent pas voler pendant les discours de M. Thiers.

Il fut merveilleux, ce jour-là, M. Thiers, et, à partir de ce jour, jusqu'à la chute de l'Empire, la petite voix continua de se faire entendre, de plus en plus haute, et de plus en plus éloquente.

Peines et paroles perdues ; l'Empereur se bouchait les oreilles et courait aux abîmes, malgré les dures leçons du Mexique et de Sadowa.

En 1867, il y eut, avant l'ouverture de la session, une réunion préparatoire des députés de l'opposition. M. Thiers pria MM. Favre, Picard, etc., de s'associer à sa demande d'interpellation sur les affaires d'Allemagne. Il se heurta à un refus catégorique.

Ces messieurs partageaient l'opinion de M. Thiers sur les redoutables dangers, au point de vue français, de la politique de M. de Bismarck ; mais ils étaient obligés de s'incliner respectueusement devant le principe des nationalités ; ils devaient se résigner à l'unité allemande.

Je dînais, le soir même, avec Ernest Picard.

Il nous raconta que M. Thiers, très irrité de leur résistance, leur avait adressé le discours que voici :

— Vous êtes des hommes de talent, vous êtes des hommes d'esprit, mais, vous me permettrez de vous le dire, vous n'êtes pas des hommes d'État. M. Guizot était un homme d'État... Il a perdu la monarchie de Juillet... mais c'était un homme d'État... M. de Bismarck est un homme d'État... Ses procédés en Allemagne sont abominables, mais peu importe, c'est un homme d'État... Le cardinal Antonelli maintient à Rome un détestable gouvernement, il mène la papauté aux abîmes, mais c'est un homme d'État. Voilà, je vous le répète, des hommes d'État. Et moi je suis un homme d'État. J'ai pu faire des fautes dans ma vie, qui n'en fait pas ! mais je les faisais en homme d'État, tandis que vous autres, mes chers collègues, vous n'êtes et ne serez jamais des hommes d'État.

Jusqu'au mois de mai 1870, M. Thiers n'eut pas une minute de lassitude et de défaillance, mais il se sentit pris de découragement après le plébiscite. C'est à cette époque que j'ai eu l'honneur d'assister un jour à une conversation de M. Thiers. J'emploie à dessein cette expression *assister*; on prenait généralement peu de part à un entretien avec M. Thiers. Les conversations étaient généralement des monologues. On n'avait, d'ailleurs, aucune envie de les interrompre, ces monologues; ils étaient délicieux.

M. Thiers, ce jour-là, parlait de sa lassitude. Il sentait ses efforts inutiles, impuissants. Il se déclarait profondément dégoûté de la politique. Tout d'un coup, un très ancien souvenir lui revint en mémoire, et le petit récit qu'il nous fit me parut si curieux que, le soir même, je pris en note très exactement les paroles de M. Thiers.

— Ah! nous disait-il, comme il avait raison, M. de X***, en 1832. J'étais ministre pour la première fois. J'arrive; je m'installe. Je trouve là, parmi les employés supérieurs, un vieux chef de division, ce M. X***, homme de beaucoup de mérite et de beaucoup d'esprit, rompu aux affaires, excellent collaborateur, mais revenu de toute ambition, expédiant légèrement sa besogne, puis allant à l'Opéra, lisant les romans libres du xviii⁰ siècle, et courant les petites filles. C'était la grande affaire de sa vie. Il eut tout de suite son franc parler avec moi, et se mit à me faire de la morale. « Je vous admire, me disait-il, d'avoir le courage et la folie de vous mêler des affaires de votre pays et de vous échauffer pour toutes ces balivernes : progrès, bien public, grandeur de la France, etc., etc. Ne perdez donc pas votre temps, vous qui êtes jeune, vous qui avez de l'esprit et du talent. Occupez-vous d'histoire, de littérature, de théâtre, mais pas de politique. Ce pays-ci est abominable. Il n'y a rien, rien, rien à faire pour lui. Tenez, moi, j'étais petit employé de comptabilité à la maison du Roi avant 1789. Voici la Révolution. Je me laisse bêtement gagner par les idées et les passions du temps. Je suis de ces misérables qui ont couru sur la route de Varennes et qui ont ramené Louis XVI à Paris. Puis, ensuite, comme on disait partout : « Il n'y aura de vraie République que quand on aura coupé la tête au Roi, » j'ai dit avec tout le monde : « Il faut couper la tête au Roi ». Et on la lui a coupée. Oui, j'ai été témoin de ces choses et je les ai approuvées, et ensuite j'ai vu la France se livrer à un goujat d'armée qui l'a menée à l'abattoir. Voilà comment on a remplacé cette vieille maison de France! Croyez-moi, monsieur Thiers, ne faites pas de politique.

M. Thiers se garda bien de suivre ce conseil. Il était fait pour la politique et fait pour la tribune. Je l'ai souvent entendu; il n'y eut jamais de plus grand artiste en parole. Il avait toutes les qualités maîtresses de l'orateur : l'ordre, la clarté, la vie, le mouvement. Pas ombre d'emphase ni de déclamation. Était-ce un discours? Était-ce une causerie? Je ne sais trop, mais je sais bien que c'était admirable. Quel naturel! Quelle simplicité! Quelle souplesse! Quelle facilité! Et que d'effets obtenus sans jamais avoir l'air de chercher un effet! Il paraissait impossible qu'un homme parlant si bien pût se tromper.

C'était le comble de la simplicité, mais en même temps le comble de l'art, sans qu'il y parût, et précisément parce qu'il n'y paraissait pas. Le talent de M. Thiers a, d'ailleurs, été défini merveilleusement par M. Thiers, lui-même dans une lettre qu'il écrivait à Sainte-Beuve :

« Il y a entre ces messieurs les écrivains à effet et moi, écrivait M. Thiers, un malentendu irréparable. Je ne crois dans les arts qu'à ce qui est simple, et je tiens que tout effet cherché est un effet manqué. Je regarde à l'histoire des littératures, et j'y vois que les chercheurs d'effet ont eu la durée, non pas d'une génération, mais d'une mode ; et vraiment, ce n'est pas la peine de se tourmenter pour une telle immortalité. C'est une immense impertinence de prétendre occuper si longtemps les autres de soi, c'est-à-dire de son style. Il n'y a que les choses humaines exposées dans leur vérité, c'est-à-dire avec leur grandeur, leur variété, leur inépuisable fécondité, qui aient le droit de retenir le lecteur et qui le retiennent en effet. J'ai vécu dans les assemblées et j'ai été frappé d'une chose : c'est que, dès qu'un orateur faisait ce qu'on appelle *une phrase*, l'auditoire souriait avec un inexprimable dédain et cessait d'écouter. Ne pas se proposer la forme simple, c'est n'en comprendre ni la beauté ni la grandeur. »

Et le grand avantage de la forme simple, c'est que lorsqu'on parle ou que lorsqu'on écrit, on parle et on écrit pour tout le monde. On l'a dit : *Il y a quelqu'un qui a plus d'esprit que Voltaire, c'est tout le monde.* Eh bien, il ne faut ni haïr ni mépriser ce quelqu'un-là.

Un jour, je m'en souviens, je reçus une invitation à une petite soirée littéraire. L'invitation se terminait par ce post-scriptum : *On mangera du bourgeois.* Je suis resté chez moi. Cette orgie ne me tentait pas.

Il ne faut pas écrire seulement pour les raffinés, les blasés et les délicats. Il faut écrire pour ce monsieur qui passe, là, sur le trottoir, le nez dans son journal et son parapluie sous le bras. Il faut écrire pour cette grosse dame essoufflée, que je vois, de mes fenêtres, monter péniblement dans l'omnibus de l'Odéon. Il faut courageusement écrire pour les bourgeois, quand ce ne serait que pour tâcher de les dégrossir, de les *débourgeoiser*. Et, si je l'osais, je dirais qu'il faut écrire même pour les imbéciles.

Un soir, en 1869, au Gymnase, un acte

venait de finir et on rappelait à grands cris cette admirable Desclée. Elle reparut. Tempête d'applaudissements. Le rideau baissé, on entoure Desclée, on la félicite.

— Quel succès ! Quel effet !

— Non, dit-elle.

— Comment cela ?

— Il y a là, au premier rang de l'orchestre, deux imbéciles qui n'ont pas bronché depuis le commencement de la soirée et qui tout à l'heure n'ont pas applaudi.

— Si ce sont des imbéciles, que vous importe ?

— Ah ! mais c'est qu'il faut faire de l'effet sur les imbéciles. Que deviendrait-on sans cela ? Il y en a tant !

Et Desclée, ravie, sortait de scène, à l'acte suivant, en battant des mains et en s'écriant :

— Mes deux imbéciles ont ri ! Mes deux imbéciles ont applaudi !

Chose singulière, ce mot dit par mademoiselle Desclée m'avait été dit, quelques années auparavant, par qui ? par M. Thiers. Un jour... ou plutôt une nuit... il était deux ou trois heures du matin... M. Thiers, assis entre deux lampes, devant la grande table verte de la salle des Conférences du Corps législatif, corrigeait les épreuves d'un admirable discours qu'il avait prononcé dans la journée sur les affaires du Mexique. Il corrigeait beaucoup, M. Thiers, il corrigeait trop, il avait la fâcheuse habitude de récrire ses discours et de remplacer par de grandes et longues phrases les petites phrases, heurtées et incorrectes, qui avaient été saisies au vol, toutes chaudes et toutes vibrantes, par les sténographes. *Cela n'est pas français*, disait M. Thiers... soit, mais c'était vivant... Et, après que Thiers avait revu et remanié ses épreuves, c'était bien moins vivant, et ce n'était pas toujours *plus français*... C'était même quelquefois encore *moins français*.

Cette nuit-là, je m'approchai respectueusement de M. Thiers.... Nous avions grand'-peur de lui... Il était d'une extrême vivacité et regimbait à la moindre observation. Je me permis de lui faire observer que, dans la revision des épreuves, il avait écrit deux phrases qui, l'une à la suite de l'autre, en des termes presques identiques, disaient exactement la même chose :

— Je le sais bien, répondit M. Thiers de sa petite voix aigrelette, je le sais bien, et c'est exprès, entendez-vous, c'est exprès... La première fois, c'est pour les gens intelligents, pour ceux qui saisissent tout de suite... Mais il faut parler à tout le monde, il faut se faire comprendre de tout le monde... Et la seconde fois, c'est pour les imbéciles, qui sont la majorité, en dehors de la Chambre.

Et comme je m'en allais, piteusement, après mon échec, j'entendis M. Thiers qui mâchonnait entre ses lèvres :

— Et même en dedans.

———

Vendredi 7 juillet. — J'ai mis la main sur trois volumes de Rœderer qui doivent être d'une extrême rareté, car ils n'ont été tirés qu'à cinquante exemplaires. Ces trois volumes sont le recueil des articles publiés par Rœderer dans le *Journal de Paris*. La plupart de ces articles sont des merveilles d'esprit et de bon sens, mais la perle de cette collection est une petite dissertation de cent cinquante lignes intitulée : *Des sots dans les républiques*, et publiée en l'an IV.

Rœderer commence par définir le sot :

« C'est, dit-il, une bête à prétentions. Je ne
» sais qui disait d'un sot : Il n'a pas assez
» d'esprit pour n'être qu'une bête, c'est-à-dire
» pour ne pas ajouter un ridicule à un
» malheur. On a beaucoup parlé du danger
» de la corruption des mœurs dans une répu-
» blique, point encore du danger de la
» sottise. »

On était alors en république, et Rœderer
était républicain. Il a été ensuite impérialiste
sous l'empire, et monarchiste sous la monarchie, imitant en cela les neuf dixièmes des
Français, qui ont été, sont et seront toujours
partisans du gouvernement établi. La France
est, par excellence, un pays conservateur, et je
n'ai jamais rien compris à cette accusation
qui nous est, sans cesse, jetée au visage d'être
un peuple ingouvernable. Rien de plus injuste. L'histoire est là pour démontrer clairement que, depuis un siècle, nos gouverne-
ments n'ont jamais été renversés que par
eux-mêmes.

Donc, Rœderer, alors républicain, explique
comment les républiques peuvent ne pas

s'inquiéter des petits sots royalistes. Ils ne sont pas bien dangereux. *Leur destinée*, dit-il, *est de passer, avec le temps, de la fonction de jeunes sots à la dignité de vieux sots.* Mais le sot républicain, voilà le vrai péril. *Si, par hasard, il attrape un emploi, malheur au pays! Le sot qui se sent du pouvoir croit se sentir un surcroît de mérite, et rien de plus dangereux qu'un sot en autorité. Il peut y avoir de bonnes bêtes, il n'y a point de bons sots.*

A ces très justes remarques de Rœderer, j'ajouterai que les sots ont leur place marquée dans la monarchie. Ils ne l'ont pas dans la république, et c'est un grand malheur. Les rois ont des chambellans, des écuyers, des grands veneurs, des préfets du palais, places qui ne demandent que de la tenue, places toutes faites pour contenter les sots de la monarchie. Ils peuvent s'y étaler sans péril pour l'État. Mais la république n'ayant ni chambellans, ni écuyers, est obligée de donner à ses sots de vraies places, des places effectives, des places sérieuses. Et voilà comment les sots sont plus dangereux sous la république que sous la monarchie.

Jeudi 13 juillet. — Hier soir, réouverture de l'Opéra. On jouait *la Muette*. Salle comble, mais sans le moindre éclat. Une seule femme décolletée, une seule ! Dans une première loge de face, les membres de l'ambassade chinoise, de cette ambassade qui, arrivée en France en septembre 1870, a passé dix mois à courir après le gouvernement français, de Paris à Tours, de Tours à Bordeaux, de Bordeaux à Versailles. Ils viennent enfin de trouver, en M. Thiers, un chef de gouvernement qui peut les écouter et leur répondre.

Sur le théâtre, plus d'huissiers à chaîne d'argent, plus de grands laquais galonnés à la livrée impériale, et cela au grand désespoir de la mère de la jolie mademoiselle X*** Elle va partout se lamentant et répétant :

— Un Opéra sans un souverain, sans une cour... c'est impossible. Il n'y aura plus d'Opéra !

Si l'on faisait voter les mères de danseuses sur la question de la forme du gouvernement, je crois bien qu'elles se prononceraient à l'unanimité pour la monarchie.

D'ailleurs, cette mère de la jolie mademoiselle X*** a toujours eu un goût très marqué pour les souverains.

Un de mes amis, il y a cinq ou six ans, avait l'honneur d'être reçu avec quelque bienveillance, et par la mère, et par la fille. Il arrive, un jour, vers quatre heures; il sonne. La mère, elle-même, vient lui ouvrir, — c'étaient des gens simples, — et, en apercevant mon ami :

— Ah ! mon cher monsieur, s'écria-t-elle, nous ne pouvons pas vous recevoir aujourd'hui. Si vous saviez ! Si vous saviez!

Et, avec une joie débordante, écarlate de bonheur et d'orgueil, elle ajouta :

— Nous avons un roi ! nous avons un roi ! Et il est là ! Il est là ! Et, cela dit, elle envoya la porte au nez de mon ami. Ce roi, peu de temps après, était chassé de ses États par la révolution. Ce fut la revanche de mon ami.

Entre le troisième et le quatrième acte de *la Muette*, l'orchestre a exécuté un fragment de *Manon Lescaut*. La toile s'est levée; tous les artistes de l'Opéra, entourant le buste d'Auber, ont chanté la prière de *la Muette*; puis ils ont déposé des palmes et des couronnes au pied du buste.

Cher et aimable Auber, je causais avec lui, là, dans les coulisses, à l'une des dernières représentations données, à l'Opéra, sous l'Empire. On jouait également *la Muette*, ce soir-là, mais *la Muette* accompagnée de la première représentation de *la Marseillaise*, chantée par madame Marie Sasse avec le plus grand éclat et le plus grand effet : ce fut dans la salle un immense accès d'enthousiasme, et certains spectateurs étaient fort curieux à examiner et à étudier.

Sur le théâtre, dans la petite loge de M. Perrin, se trouvait M. Maurice Richard, ministre des Beaux-Arts. Il était radieux, triomphant. C'était lui qui avait invité la direction de l'Opéra à faire chanter *la Marseillaise*, *la Marseillaise* qui, après avoir été considérée, pendant dix-huit, ans comme un chant séditieux, redevenait le chant national. « La *Marseillaise* n'est plus à l'émeute, se disait M. Maurice Richard, elle est à nous, à nous gouvernement, elle va nous conduire à la victoire, n'en doutez pas !... »

Dans une baignoire du rez-de-chaussée, M. de Persigny... Il regardait attentivement la salle. Au milieu de ses idées parfois chimériques, il a beaucoup d'esprit et même de bon sens, M. de Persigny, et il sait l'histoire de ces quarante dernières années. Voici, je crois bien, ce qui était dans la cervelle de M. de Persigny, pendant que beaucoup de spectateurs répétaient le refrain de *la Marseillaise*.

— Oui, grand effet, grande émotion, grande joie, trop grande joie peut-être. Très patriotique, cet air-là, mais pas très dynastique.

Dans la petite loge grillée sur le théâtre, M. le chambellan de Laferrière ; il se disait : « J'aurais dû amener l'Empereur. On crierait : *Vive l'Empereur !* au lieu de crier : *Vive la France !* » A côté de M. de Laferrière, notre ministre des affaires étrangères, M. le duc de Gramont. Fort galant homme, paraît-il, mais qui a eu le tort de se mettre en tête d'avoir du génie. Cela n'était pas sa destinée. Il a voulu être le Bismarck français, et nous savons ce qui en est résulté. Le duc de Gramont est un de ces hommes qui, du matin au

soir, se disent : *Soyons monsieur de Talleyrand.*
A l'un de mes amis, reçu par lui, en 1870, en
audience de congé, il débitait gravement cette
phrase extraordinaire : — *Un diplomate doit toujours écouter en silence, et, quand son interlocuteur a fini de parler, il doit répondre :* — *Je le savais.*

Mon ami crut n'avoir pas bien entendu et
se fit répéter la phrase. Le duc de Gramont
est beau, un peu trop beau. Raide, froid, digne. Il s'appliquait évidemment, pendant que
madame Sasse chantait la *Marseillaise*, à être
plus impénétrable et plus impassible que jamais. Il se disait : — *On ne doit rien lire sur
mon visage*, et l'on n'y lisait rien, absolument
rien.

M. Émile de Girardin montrait, en revanche, une véritable exaltation. Il criait, se
démenait, chantait le refrain de *la Marseillaise*. C'est lui qui, le premier, s'est écrié :
— *Debout ! Tout le monde debout !* Et tout le
monde s'est levé. Le mouvement a été très
simple et très beau. M. de Girardin avait
découvert un saint-cyrien dans la salle, était
allé le chercher et l'avait installé au premier rang, dans sa loge.

A côté de l'avant-scène de l'Empereur, dans la loge de service, la toute jeune, et si belle, et si charmante duchesse de Mouchy, pâle, émue, sérieuse, étonnée. Il est bien probable qu'elle n'avait jamais entendu *la Marseillaise.* Une autre duchesse de Mouchy, qui, mourant à côté de son mari, fut admirable de courage, avait dû l'entendre, en 1794, le jour de son exécution, sur la place de la Révolution.

Mais, sur le théâtre, la scène était absolument extraordinaire. Tout le petit peuple des coulisses était bouleversé d'émotion et de joie... Machinistes en cottes de travail, choristes en pêcheurs napolitains, danseuses vêtues de soie et de satin, pompiers en uniforme, tout cela chantait, applaudissait, criait, pleurait. Il a fallu, après la chute du rideau, arracher madame Sasse des mains de cent personnes qui, voulant l'embrasser, l'écrasaient, l'étouffaient... Elle est sortie de là blanche comme un linge, à demi morte.

Nous formions, pendant ce temps, sur la scène, un petit groupe autour de M. Auber, et tout d'un coup il nous dit :

— Ah! que de fois je l'ai entendue, *la Marseillaise*, depuis 1792.

— Depuis 1792!

Ce fut une protestation générale.

— Oui, répéta Auber, depuis 1792... et j'ai des souvenirs plus anciens. Je me rappelle parfaitement avoir vu, en 1789, les gardes françaises tirer sur le régiment Royal-Allemand. J'avais sept ans... Je vois encore très distinctement le prince de Lambesc à cheval, à la tête de Royal-Allemand. J'étais sur le boulevard, à une fenêtre, à peu près où se trouve maintenant le café Tortoni. Pendant la Terreur, mon père est allé se cacher à Creil... Puis, le Directoire est venu... Ah! que l'on s'amusait pendant le Directoire! *La Marseillaise!* Que de souvenirs! Gossec avait fait un arrangement de *la Marseillaise*... Au dernier couplet: *Amour sacré de la patrie*... tout le monde sur le théâtre se mettait à genoux... puis, avant le cri: *Aux armes!* il y avait un moment de silence, pendant que les tambours battaient la charge et que la grosse caisse imitait le canon dans la coulisse... Tout à coup une très belle personne se présentait, agitant un drapeau tricolore... C'était la *Liberté !* Tout le monde se relevait. On jetait ce cri : *Aux armes, citoyens !* C'était très beau, très beau ! Un jour, à l'occasion de je ne sais quelle victoire, on fit chanter *la Marseillaise*, aux Tuileries, en plein air, dans le jardin ; sur le bord de l'eau, on avait mis une centaine de tambours et quatre pièces de canon. Le public n'en savait rien... Au dernier couplet, ce fut un éclat formidable de roulements de tambours et de vrais coups de canon... Il y eut une panique universelle... On se sauva de tous les côtés ; on croyait à une révolution dans Paris.

Auber parlait, et nous étions là silencieux, attendris, écoutant ce *jeune homme* qui nous racontait ce qu'il avait vu et entendu, il y a environ quatre-vingts ans.

Et je pensais à cette aimable madame D*** qui avait, à quatre-vingt-douze ans, des souvenirs si précis sur les hommes et les choses de la Révolution. Elle avait eu pour intime amie une maîtresse de Mirabeau, et elle nous disait un jour à Prévost-Paradol et à moi :

— Elle était mauvaise avec Mirabeau. Elle

l'agaçait, le tourmentait. Je lui disais :
« Voyons, Amélie, il vous adore, soyez gentille,
ne le faites pas souffrir.» Elle me répondait :
« Ah! ma chère, si vous saviez, il est si
exigeant! »

Bissé avec transport, le duo du second
acte de *la Muette* avait mis le feu à la salle.

L'un de nous dit à Auber :

— Votre duo a fait, ce soir, un effet extraordinaire.

— Oui, répondit-il, mais une bonne victoire sur le Rhin vaudrait mieux que tous
ces cris et tous ces applaudissements dans
une salle de spectacle. Puis, voyez-vous, je
n'aime pas que le duo de *la Muette* fasse tant
d'effet, et je n'aime pas non plus qu'on
chante *la Marseillaise*. Je suis de l'avis de
Rouget de l'Isle. Un soir, en 1815, il arrive
chez un de ses amis, très agité, très effrayé.
Il se laisse tomber sur un fauteuil: « Ah! ça
va bien mal, dit-il. — Pourquoi cela ? — Je
viens d'entendre chanter *la Marseillaise!...* »
Oui, ça allait mal... c'était l'invasion... je
l'ai vue. J'ai peur de la revoir... Les révolutions, j'y suis fait, une de plus, une de

moins, quand on en a tant vu!... Mais l'invasion... l'étranger en France... à Paris!... Je me souviens de 1814... de 1815. Sommes-nous bien prêts pour cette guerre?

Ce fut le dernier mot d'Auber. Que d'esprit il avait, et surtout, comme il savait donner de la valeur, du relief et de l'effet à la phrase en apparence la plus insignifiante! Que de grâce, de finesse, de discrétion dans cet esprit! Quel délicieux sourire éclairait cet aimable visage, resté jeune et charmant jusqu'au dernier jour!

Un soir, nous sortions ensemble du Théâtre-Français : on venait de jouer une comédie en plusieurs actes et en vers, qui avait obtenu un très sérieux succès d'ennui...

Car il y a des succès d'ennui, et qui ne sont pas sans être fort honorables pour l'auteur. Sainte-Beuve a dit, un jour, ce mot admirable : *L'ennui a son prestige.*

— Vous êtes-vous amusé? me demanda Auber.

— Mais pas trop... et vous?

— Moi, je n'ai pas passé une soirée trop désagréable...

— Cependant, deux ou trois fois, je vous ai regardé, et il m'a bien semblé...

— Je sommeillais, n'est-ce pas? Je sommeillais... et c'est ainsi que j'ai eu le bonheur de n'entendre que la moitié de la pièce, le premier hémistiche de chaque vers m'endormait et je n'ai pas entendu un seul second hémistiche.

Un autre soir, à l'Opéra, au foyer de la danse, on parlait des femmes et de l'amour.

— Moi, dit un jeune peintre célèbre par son aplomb, je ne connais pas de femme *impossible*. Je — n'en — connais — pas!

Cela était scandé avec la dernière énergie.

— Vraiment, demanda Auber, vous n'en connaissez pas?

— Tenez, continue le jeune peintre, il y a huit jours, j'aperçois, dans une baignoire des Variétés, une femme délicieuse, et du monde, du meilleur monde. Je ne lui avais jamais adressé la parole. Je passe toute la soirée à la regarder d'une certaine manière... Ah! évidemment d'une certaine manière... tout est là. Il faut savoir regarder les femmes!... le lendemain... entendez-vous bien... le lendemain elle montait mon escalier, émue, voilée, tremblante...

— Était-ce bien la même? demanda doucement, tout doucement Auber.

Comme il était charmant quand il racontait ses querelles avec sa vieille gouvernante! Elle avait quatre-vingts ans et se plaignait d'être obligée de travailler à son âge.

— Quatre-vingts ans, lui dit un jour Auber, quatre-vingts ans, la belle affaire! Moi, j'ai quatre-vingt-cinq ans, et cependant, vous le voyez, je travaille.

— Ah! monsieur, répondit-elle, quelle différence! vous travaillez assis, vous!

Un autre jour, elle tournait autour d'Auber, depuis une heure, et grondait, marronnait, bougonnait.

— Taisez-vous... ne m'ennuyez pas... lui dit Auber. Vous ne savez pas ce qui arrivera.

— Qu'est-ce qui arrivera?

La gouvernante était depuis quarante ans dans la maison et savait qu'elle n'avait rien à craindre, qu'elle était *inrenvoyable*.

— Je ferai un coup de tête, répond Auber.

— Quel coup de tête?

— Je m'engagerai !

Auber lisait peu. Je crois même qu'il ne lisait pas du tout. Un de ses amis arrive, un matin, chez lui, et le trouve au travail.

— Je me suis mis à la besogne, lui dit Auber, j'écris le premier acte de mon nouvel opéra-comique.

— De qui le poème?

— De Scribe.

— Quel titre ? Quel sujet ?

— *Manon Lescaut.*

— *Manon Lescaut !* Ah ! l'incomparable chef-d'œuvre !

— Le roman, vous parlez du roman?

— Oui.

— Mon Dieu ! Je ne l'ai pas lu.

— Vous faites un opéra sur *Manon Lescaut,* et vous n'avez pas lu le roman !

— Ma foi non... je ne l'ai pas... J'ai cherché dans ma bibliothèque. J'ai bien peu de livres... Je n'ai pas *Manon Lescaut.*

— Mais demandez le volume à Scribe.

— Scribe ! Je ne suis pas bien sûr qu'il l'ait lu. Il a dû le parcourir, pour voir en gros la situation ; Scribe ne perd jamais son temps.

Auber avait pour Mozart une admiration passionnée. On parlait, un jour, devant lui des maîtres d'autrefois; le nom de Beethoven fut prononcé.

— Oh! dit Auber, c'est le plus grand de tous.

— Et Mozart?

— Mozart, répondit Auber, Mozart, c'est le seul.

Auber parlait volontiers du passé.

— Ah! le Directoire, disait-il souvent, les fêtes du Directoire... On sortait de ce cauchemar de la Terreur C'était comme une rage de plaisir et de gaieté... Je me résignerais bien à une seconde Terreur, si je pouvais avoir encore dix-huit ans sous un second Directoire... Mais voilà la difficulté... Je reverrai peut-être la Terreur... Je ne reverrai pas mes dix-huit ans!

Et il a revu quelque chose qui ressemblait bien à la Terreur, mais il avait quatre-vingt-neuf ans, et il était au bout d'une longue vie toute pleine de travail et de gloire.

Voici comment j'ai appris la mort d'Auber. J'étais à Londres, le 12 mai, assis dans le jardin de l'Exposition internationale. La musique du régiment des guides de Belgique jouait l'ouverture de *Fra Diavolo*. J'ouvre le *Standard* et j'y trouve cette dépêche télégraphique :

« *Le Vengeur* promet pour demain la chute de la colonne Vendôme. La mort d'Auber est attendue aujourd'hui. »

Les guides belges continuaient à jouer l'ouverture de *Fra Diavolo*. Pauvre Auber ! Il avait bravement supporté les tristesses du premier siège. Tant qu'il avait eu *son* bois de Boulogne, il était allé, tous les jours, faire le tour du lac. Mais le bois était devenu un parc à bestiaux, et Auber avait dû s'arrêter à la grille d'entrée. Puis on avait construit les redoutes de la place de l'Arc de Triomphe. Le petit coupé d'Auber ne dépassa plus les Champs-Élysées.

Enfin, la Commune avait élevé les barricades de la place Vendôme et de la place de la Concorde. La voiture d'Auber dut s'arrêter à la Madeleine. Tout le monde se sauvait. Auber resta. Que de fois nous l'avions entendu dire :

— Comment ! vous pouvez quitter Paris,

vivre et respirer ailleurs qu'à Paris... Moi, je ne pourrais pas...

En effet, il n'a pas pu. Il a fini par s'enfermer, ne voulant plus voir Paris tel qu'il était.

Et il est mort, mais il est mort à Paris.

Samedi 15 juillet 1871. — Obsèques d'Auber, à la Trinité. De toutes les églises de Paris, c'est assurément celle qui ressemble le plus à un théâtre. Un monde fou ; beaucoup de femmes et de très jolies femmes ; tout le corps du ballet de l'Opéra, toutes les élèves du Conservatoire. L'orchestre et les chœurs ont été incomparables. Des tribunes de l'église on entendait ce merveilleux concert, sans rien voir de la cérémonie, ni l'autel, ni les prêtres, ni le catafalque ; on avait besoin de faire, de temps en temps, un petit effort pour se rappeler qu'on était dans une église, et non dans un théâtre.

En sortant, dans la foule, je me suis trouvé derrière un des employés de l'église ; il causait avec une vieille dame et lui disait :

— Nous sommes surchargés. Tout a repris

en même temps : les mariages, les baptêmes, les enterrements. Ça se comprend, on n'avait pas d'idées de mariage pendant la guerre et la Commune. Quant à mourir, dame, il fallait bien y passer, comme à l'ordinaire, mais pas une personne comme il faut ne voulait se laisser enterrer sous la Commune... Alors on se faisait déposer dans les caveaux... Celui qu'on emporte là, nous l'avions depuis plus de deux mois, et il nous reste encore bien de l'arriéré.

Samedi 29 juillet. — J'entre hier chez mon chapelier. Un client était là, un petit jeune homme fort élégant, qui disait avec un accent de sérieuse indignation :

— Comment, encore rien de nouveau cette année! Les mêmes formes que l'année dernière! Que vous n'ayez rien fait de nouveau pendant la guerre, cela s'explique, mais maintenant... Je m'ennuie, moi, toujours sous le même chapeau. Je pensais à cela cette nuit, et je me demandais si un chapeau de forme évasée, à bords très relevés...

Lundi 31 juillet. — A Londres, depuis ce matin. En arrivant à Folkestone, j'avais échangé un billet de cent francs contre de la monnaie anglaise. Il me restait encore environ deux cents francs de monnaie française, et, pour ne pas m'embrouiller, j'avais mis, dans la poche gauche de mon gilet, l'argent anglais, et, dans la poche droite, l'argent français.

Le soir, rentré à l'hôtel, je tire de mes

deux poches mes deux poignées de monnaie. J'en fais deux petits tas sur la cheminée, puis je commence à les regarder avec attention, ces deux petits tas, et je découvre qu'ils m'offrent un spectacle fort intéressant et fort instructif.

Je range d'abord toutes mes pièces anglaises du côté face et par ordre de date : 1837, 1841, 1843, 1851, 1857, 1863, 1868, 1870, et sur toutes ces pièces je vois la même légende : *Victoria Dei gratia*, encadrant le même profil de jeune fille... Victoria... Victoria... Partout et toujours Victoria... Victoria...

Même classement chronologique pour le petit

tas de monnaie française, et je vois défiler sous mes yeux : Bonaparte, premier consul; Napoléon, empereur; Louis XVIII, roi de France; Charles X, roi de France; Louis-Philippe Ier, roi des Français; une fort belle, beaucoup trop belle personne représentant notre seconde République; Napoléon III, empereur, sans couronne de lauriers, et un autre Napoléon III, empereur, avec couronne de lauriers. Là, je m'arrête, notre troisième République n'ayant pas encore eu le temps de frapper monnaie.

Et jamais je n'ai mieux compris pourquoi nous venions de perdre l'Alsace et la Lorraine [1].

Mardi 1ᵉʳ août. — Je suis déjà venu dix fois à Londres, et il est un plaisir dont jamais je ne me lasse. Je cherche les quartiers les plus populeux de cette immense ville, et, seul, à pied, au hasard, je me lance à travers le dédale de ce millier de rues. Au bout de cinq

---

1. Dans son très intéressant volume : *Cinq ans après, l'Alsace et la Lorraine,* Jules Claretie raconte qu'il est allé visiter, à Donchery, la chaumière du tisseur Fournaise; c'est là que Napoléon III et M. de Bismarck se sont rencontrés, après la capitulation de Sedan. L'Empereur, en s'en allant, tira de sa poche cinq pièces d'or et les remit à madame Fournaise; elles sont placées dans un cadre appendu à la muraille; il y en a une de Napoléon Iᵉʳ, une de Louis XVIII, une de Charles X, une de Louis-Philippe, une de Napoléon III. Les cinq derniers règnes!

minutes, je suis perdu, complètement perdu, et je vais devant moi, jusqu'à complète lassitude, sans cesse intéressé et amusé par le spectacle de cette fourmilière humaine.

Ce matin, à neuf heures, je pars, et voici que je découvre dans Earl Street une petite allée qui me conduit à une petite cour noire, froide, humide, entourée de vieux bâtiments. C'est la cour du *Times*. Pour toute verdure, deux arbres. Et quels arbres! Et quelle verdure! Ces pauvres arbres sont emprisonnés derrière une petite grille, dans le coin le plus sombre de la cour. Aussi cherchent-ils avidement la lumière et le soleil. Ils s'écartent du mur comme par un violent effort, se jettent en avant et tomberaient, s'ils n'étaient soutenus par la grille sur laquelle ils s'appuient, languissants, épuisés. Une pousse est sortie de l'un de ces arbres, et ce petit rejeton est entouré de respect; un tuteur le soutient. Le *Times* évidemment soigne son parc.

A l'angle de la maison de gauche, cette inscription : *Printing house square*; sur le bâtiment de droite *The Mail, The Times, advertisement office*. Et en face, au milieu du bâtiment principal, un petit porche sur lequel est gravé en lettres dorées : *The Times*. Sept fenêtres de façade : on voit les imprimeurs travailler devant leurs casses. Un policeman se promène sur le trottoir. Il n'y a que deux personnes dans la cour : lui et moi.

C'est de cette petite cour que sort l'opinion de l'Angleterre et aussi un peu l'opinion du monde. Il n'y a pas eu, en ce siècle, de puissance plus sérieuse et plus solide que le *Times*. La cour des Tuileries a connu bien des maîtres depuis cent ans. Napoléon Ier est entré à cheval dans les cours de Potsdam et du Kremlin. La petite cour du *Times* n'a jamais connu qu'un maître : le directeur du *Times*, puissance anonyme, mystérieuse et redoutable.

Mercredi 2 août. — Nouvelle promenade à l'aventure dans les rues de Londres. D'abord le marché de Covent-Garden... Que de radis! que de salades! Sur d'immenses camions traînés par de gros chevaux, on voit s'avancer de véritables montagnes rouges et vertes... Et cette charrette dans Bridgy Street devant

Drury Lane! Jamais je n'aurais cru qu'un si petit âne pût traîner à lui tout seul une telle quantité de bottes de céleri : il y a une côte à monter; le courageux petit âne tire à plein collier; un gamin d'une douzaine d'années fouette le petit âne, lui dit de grosses injures anglaises, pousse à la roue, et, de temps en temps, rétablit de la main l'équilibre chancelant de cette pyramide de céleri. Ce gamin porte un costume absolument extraordinaire. De vieilles pantoufles en tapisserie jaune et verte, un pantalon noir si gras et si luisant qu'on le dirait verni, un gilet de piqué bouton d'or, une sorte de carrick à petit collet dont le bas, tout effiloqué, traîne sur le pavé, une cravate de tricot rose et un képi français de garde national.

Dans Regent Street, au coin d'une rue, un autre petit loqueteux m'arrête au passage pour m'offrir des allumettes : « *Matches! Vesuvian!* »

A sa façon de prononcer ces deux mots, je reconnais un compatriote.

— Mais tu es Français?

— Oui, monsieur.

— Et pourquoi es-tu à Londres?

— C'est la Commune, monsieur, qui a chassé papa de Paris.

Je traverse le parc de Saint-James. J'entre, par je ne sais quelle petite porte, dans le cloître de Westminster, et de là dans l'église. Il est dix heures. Le service commence. Dans le chœur, cinq ou six prêtres et deux petites troupes d'enfants de chœur. La voix de l'orgue s'élève. Les enfants se mettent à dire des psaumes; les deux petits chœurs alternent et se répondent; c'est une sorte de mélopée rythmée et cadencée; cela est étrange et charmant.

Une statue nouvelle dans Westminster : celle de lord Palmerston; il est à gauche de Pitt et en face de Canning. Je sors de l'église; je traverse une rue, une cour... Me voici dans la salle des Pas-Perdus de Westminster. J'entre à la cour de l'Échiquier... Ah! que ces juges et ces avocats anglais ont de jolies perruques à tuyaux d'orgues! Comme elles sont élégantes, coquettes et de quel gris délicieux! Que l'Angleterre est sage d'imposer à ses avocats la coiffure de Brid'oison! Il ne peut y avoir de révolutionnaires, de démagogues et de socialistes sous de pareilles perruques!

Cristal-Palace est toujours la même montagne de fer et de verre. Toujours les mêmes admirables jardins. Toujours la même tour de Sydenham avec ses quatre cents marches. Une seule chose nouvelle à *Cristal-Palace*: une petite vitrine franco-allemande, une exposition de souvenirs et de débris de la guerre. Des bombes, des éclats d'obus, des balles, des boulets ramassés à Paris, à Metz, à Strasbourg, à Orléans, etc. En tout cent quatre-vingts numéros bien classés, bien étiquetés, bien catalogués.

Une bible à moitié brûlée et trouvée dans la ferme d'Andegloust (commune de Chevilly) incendiée par les Prussiens le 3 décembre 1870; trois ou quatre livrets du 6e lanciers français; un petit guidon rouge avec cette inscription : *Ce guidon vient de Wœrth et appartenait aux turcos.* Puis, des guêtres de zouaves, des crosses de fusils brisées, des aigles de casques prussiens et de casques français philosophiquement confondues, deux tablettes de chocolat toutes blanches, deux morceaux de sucre tout noirs, des cocardes tricolores, des lettres salies, jaunies, déchirées, piquées et trouées par le feu, des cartouches de mitrailleuses, des gants, des épaulettes, une vieille cuiller d'étain, des journaux de Paris sur papier pelure expédiés par ballon, un rasoir, un drapeau de Genève avec la croix rouge, un fusil à aiguille faisant pendant à un fusil chassepot, une croix de la Légion d'honneur à côté d'une décoration allemande, des pompons, des éperons, une moitié de cuirasse, une lance de uhlan, un casque à pointe, un vieux pantalon rouge en lambeaux tout couvert d'une boue blanchâtre, séchée et durcie.

Trois jolies misses regardent tout cela, bavardant et plaisantant avec de légers éclats de rire. La vue du pantalon rouge redouble leur gaieté, et je sens que des larmes me montent aux yeux.

Paris, lundi 7 août. — Hier soir, à neuf heures, comme j'entrais à l'Opéra, un vieux monsieur était en grande querelle avec la buraliste.

— Comment, pas une place? disait le vieux monsieur.

— Pas une, répondait la buraliste.

— Il ne vous reste rien, absolument rien?

— Il me reste la loge de l'Empereur. Voulez-vous la loge de l'Empereur ?

— Peut-on prendre une place, une seule place dans cette loge?

— Vous me demandez?

— Une place dans cette loge...

— Détailler la loge de l'Empereur ! s'écria la buraliste avec un véritable emportement... Non, monsieur, non, on ne détaille pas la loge de l'Empereur !

Cette idée de détailler la loge de l'Empereur paraissait odieuse à cette excellente femme, qui ferma son petit guichet au nez du vieux monsieur, en répétant : « Détailler la loge de l'Empereur ! »

On sera pourtant obligé d'en venir là... Cette malheureuse loge est comme un objet d'épouvante, personne n'ose s'y aventurer.

La semaine dernière, un amateur s'est présenté; c'était un gros banquier, fort galant homme et des plus honorables. Il offre de prendre la loge à l'année; on tombe facilement d'accord sur le prix, mais voilà que le gros banquier, le lendemain, s'est ravisé. Il est venu trouver le directeur de l'Opéra et lui a dit :

— Ecoutez, tous mes amis, hier soir, au cercle, m'ont tant *blagué* quand ils ont su que j'allais louer la loge de l'Empereur ; je vous en prie, rendez-moi ma parole.

Le directeur de l'Opéra a, de fort bonne grâce, déchiré le contrat, et voilà pourquoi cette terrible loge attend toujours un locataire.

Comme il s'y est ennuyé, dans cette loge, ce pauvre Empereur ! De loin en loin il se laissait traîner à l'Opéra ; on lui disait :

— C'est votre théâtre, un souverain doit se montrer à l'Opéra, cela rentre dans les fonctions impériales, etc., etc.

L'Empereur se résignait. Il arrivait, et, à peine assis, tombait dans une sorte de torpeur, de somnolence, d'engourdissement. L'Impératrice, de temps en temps, lui donnait sur le bras un petit coup d'éventail, lui disait quelques mots... Alors, il regardait autour de lui, souriait vaguement à l'Impératrice et reprenait le rêve interrompu.

Mardi 8 août. — Je viens de relire, avec un intérêt mêlé de stupeur, un livre qu'on ne lit plus et qu'on a tort de ne plus lire : le *Mémorial de Sainte-Hélène*. C'est l'œuvre d'un enthousiaste, d'un fanatique de la gloire et de la grandeur de Napoléon, mais cet enthousiaste est un parfait honnête homme. Il recueillait et gardait pour la postérité, tout, exactement tout ce qui tombait des lèvres de l'Empereur. Il écrivait tout, fidèlement, scrupuleusement, jour par jour, heure par heure, sans jamais faire la part de ce qui pouvait grandir la mémoire de l'Empereur ou de ce qui pouvait la diminuer. Il ne croyait pas, d'ailleurs, que rien la pût diminuer.

Eh bien, le Napoléon qui se dégage du *Mémorial de Sainte-Hélène*, lu avec un peu d'attention, ce Napoléon n'est pas du tout celui de la légende. Le génie éclate à chaque page du *Mémorial* — et qui pourrait jamais songer à contester le génie de Napoléon ? — mais la folie est toujours à côté du génie... et quelle folie ! C'est, je crois, Sénèque qui a dit : *Il n'y a pas de grand génie sans une certaine dose de démence.* Soit, mais Napoléon, véritablement, forçait un peu la dose. On n'a pas été plus grand que Napoléon, cela est certain ; mais on n'a pas été plus extravagant, — cela n'est pas moins certain. Et cette autre phrase pourrait lui être appliquée — elle est de Voltaire celle-là : — *Voulez-vous acquérir un grand nom, être fondateur, soyez complètement fou, mais d'une folie qui convienne à votre siècle.*

La grande joie de Napoléon, son orgueil, sa consolation, c'est d'avoir mis le monde à l'envers... Et encore pas suffisamment à son gré... Ah! s'écrie-t-il à chaque instant, *si l'on m'avait laissé faire!* On l'avait laissé faire pendant quinze ans, mais cela ne lui suffisait pas. Il continue : *Si j'avais pris Saint-Jean-d'Acre, j'allais à Constantinople, j'allais dans les Indes...*

Le 28 avril 1816, il parle de la campagne de Russie. Il venait de passer le Niémen, il avait culbuté les Russes, coupé Bagration ; Alexandre lui fait la proposition suivante : « Revenez au Niémen, et moi je ne passerai pas la Dwina. » *J'ai refusé,* dit Napoléon.

Ah! si j'avais accepté, Wilna eût été neutralisé, nous nous y serions rendus chacun avec deux ou trois bataillons de notre garde, nous eussions traité en personne... Que de combinaisons j'eusse introduites! il n'eût eu qu'à choisir.

N'est-ce pas admirable? N'est-il pas épique cet : *Il n'eût eu qu'à choisir.* La carte de l'Europe était pour Napoléon une sorte de joujou. Il était habitué à la manier et à la remanier, comme un enfant qui s'amuse à embrouiller et à débrouiller les pièces d'un jeu de patience à diverses combinaisons. Si Napoléon disait au moins : « Je savais bien ce que j'aurais proposé au czar... » Mais non, il aurait dit à Alexandre :

— Allons, nous voilà seuls, tous les deux, avec la carte de l'Europe... Amusons-nous un peu avec tous ces peuples et toutes ces provinces... Mettons tout cela dans un sac... Remuons et tirons... A qui cela? A un tel... Non, à un tel... Soit... cela m'est bien égal à moi... Parlez... vous n'avez qu'à choisir... Le tout est de changer la face du monde.

Cependant, à plusieurs reprises, Napoléon à Sainte-Hélène est pris d'une sorte de repentir et reconnaît qu'il a été un peu loin dans ses aventures : « J'aurais été très sage, dit-il, si » les alliés m'avaient laissé sur mon trône. Je » n'aurais plus fait la guerre. Je me serais » occupé de la prospérité intérieure de la » France, etc. » Mais, au milieu de ces discours pleins de prudence, un cri s'échappe où l'homme se retrouve tout entier.

Le 9 avril 1816, dans un journal anglais, Las Cases trouve et traduit à l'Empereur l'histoire d'un certain Porlier, chef de guérilleros, qui venait de se soulever en Espagne contre Ferdinand, et s'était fait battre, prendre et pendre. Voilà Napoléon qui s'attendrit sur ce Porlier et sur ces insurgés espagnols... *Ah !* s'écrie-t-il, *si j'eusse vaincu à Waterloo, j'allais les secourir.* Cela est textuel. S'il avait vaincu à Waterloo, il recommençait l'expédition d'Espagne. Voilà comment il aurait été très sage !

Le 18 avril 1816, Napoléon dit à Las Cases : *Si l'on est tranquille en Europe, si l'ordre s'établit partout, alors nous ne vaudrons plus l'argent que nous coûtons ici. Mais les rois peuvent avoir besoin de moi contre les peuples soulevés, et je puis être aussi nécessaire aux peuples soulevés, aux prises avec les rois.*

Ainsi il est à deux fins : despote, s'il plaît aux rois; révolutionnaire, s'il plaît aux peuples. Qui veut de moi, peuples ou rois? J'endosserai, suivant l'occasion, la casaque blanche ou la casaque rouge.

Le 16 juin 1816, il revient à son thème favori. A quoi pense l'Europe ? Comment ne le reprend-elle pas pour gouverner la France ? Et lisez avec attention les phrases suivantes, elles sont d'un tour admirable :

Qu'aurait-on à craindre ? dit l'Empereur. *Je suis trop vieux : Que je courusse encore après la gloire ? Je m'en suis gorgé, j'en avais fait litière, et, pour le dire en passant, c'était une chose que j'avais rendue tout à la fois bien commune et bien difficile. Que je recommençasse des conquêtes ?... Je n'en fis pas par manie. Elles étaient le résultat d'un grand plan.*

Ainsi, le 16 juin 1816, il parle de son grand plan; mais, six semaines avant, le 1ᵉʳ mai, il disait à Las Cases :

J'ai dessouillé la Révolution, ennobli les peuples et raffermi les rois... M'accusera-t-on d'avoir trop aimé la guerre ? J'ai toujours été attaqué.

Napoléon toujours attaqué ! Quant à son système pour le *raffermissement des rois,* l'empereur, le 24 août 1816, explique à Las Cases comment il entendait s'y prendre pour raffermir les souverains de Russie et d'Angleterre… Il n'avait plus que deux peuples à écraser : la Russie et l'Angleterre. Cela fait, tout était bien. Il avait sous ses pieds l'Europe entière, et l'Europe devenait un véritable paradis.

Elle n'eût fait de la sorte qu'un seul peuple… Paris eût été la capitale du monde, et la France l'envie des nations. J'associais mon fils à l'Empire. Ma dictature était finie, et son règne constitutionnel commençait. Mes loisirs et mes vieux jours eussent été consacrés, en compagnie de l'impératrice, à visiter lentement et, en vrai couple campagnard, avec mes propres chevaux, tous les recoins de l'Empire.

Ne voit-on pas Napoléon en cabriolet, avec Marie-Louise, conduisant lui-même bourgeoisement son vieux cheval de bataille mis à la voiture, montant les côtes au pas pour ne pas le fatiguer ? et Napoléon ajoute en terminant :

Oui, mon cher, voilà de mes rêves !

De ses rêves ! Le mot est juste, ce n'était

qu'un rêveur, mais un rêveur conduit par ses chimères à de tragiques réalités, à des boucheries de cent vingt mille hommes, comme à Leipzig.

Le 28 août 1816, Napoléon parle de ses batailles comme un vaudevilliste parlerait de ses vaudevilles. Telle bataille a fort bien réussi; telle autre n'a eu qu'un demi-succès; telle autre, enfin, est tombée à plat. Il a une tendresse particulière pour ses batailles perdues, tout comme un auteur dramatique pour ses comédies sifflées. Waterloo devait réussir, mais Napoléon accuse violemment les acteurs, qui ont mal joué cette bataille très bien combinée. Napoléon accuse aussi le public, qui s'obstinait à ne pas le comprendre. L'Europe ne voyait pas par quel chemin il comptait la mener à un bonheur sans précédent... Il fallait d'abord que l'Europe fût écrasée, totalement écrasée du nord au midi, de l'est à l'ouest. L'Europe ne savait pas se résigner à cet écrasement, prélude indispensable de sa félicité.

Napoléon s'en va en Hollande. Les Hollandais lui paraissent tristes, et cette mélancolie le fâche... Il la trouve déraisonnable. *Vous*

vous plaignez de souffrir, leur dit-il, *mais en France on souffre bien davantage...* Et c'était vrai, vainqueurs et vaincus supportaient les mêmes maux et commençaient à en avoir assez, à être aussi las de la victoire que de la défaite. Ils ne se pliaient pas à cette théorie séduisante du bonheur universel par l'écrasement universel.

Voyant que les Hollandais s'obstinent à rester mélancoliques, Napoléon prend le ton de la gaieté (je continue à copier fidèlement) et leur dit :

J'ai tout fait pour vous plaire et vous accommoder. J'ai envoyé pour vous gouverner le bon et pacifique Lebrun... Vous pleurez avec lui, il pleure avec vous, vous pleurez ensemble... Que pouvais-je faire de mieux ?

A ces mots le flegme hollandais disparaît... Tout l'auditoire se met à rire aux éclats, et l'empereur laisse le peuple d'Amsterdam *ivre de sa personne* (sic). Las Cases, très sérieusement, nous dit que cette drôlerie a pleinement suffi pour réconcilier la Hollande avec son conquérant.

Le jeu, d'ailleurs, amusait tellement Napoléon qu'il ne comprenait pas qu'il n'amusât pas ses adversaires, bien que crossés et rossés. Il ne s'expliquait pas la mauvaise humeur des souverains qu'il chassait et pourchassait.

Je vous jure, dit-il, que je ne me sentais aucune haine contre ceux que je venais renverser... C'était uniquement pour moi de la querelle politique... Je m'en étonnais moi-même, tant je me trouvais le cœur libre, aise, même bienveillant, je pourrais dire...

On croit rêver quand on lit de pareilles choses... Cette guerre faite pendant quinze ans à l'Europe entière *avec bienveillance !...* Et cette tirade étonnante se termine par un accès de colère, de colère bourgeoise, contre l'empereur d'Autriche... Que l'Angleterre, la Russie, la Prusse aient été d'accord pour l'envoyer à Sainte-Hélène, passe encore, *mais le cher beau-père, ah ! c'est bien fort !... Moi, l'époux de sa fille chérie !... Ah ! oui, c'est bien fort !!!*

Toutes ces phrases sont copiées mot à mot dans le troisième volume du *Mémorial de Sainte-Hélène, Paris, Bossange frères, 1824.*

Mercredi 9 août. — Un de mes amis voyageait, il y a quinze jours, dans la haute Italie...

Mourant de soif, il entre dans une petite auberge et trouve là, *sous le même cadre,* les deux portraits de Napoléon III et d'Orsini.

Mon ami de manifester quelque étonnement et l'aubergiste de lui répondre tranquillement :

— Ils ont fait l'Italie à eux deux.

Jeudi 10 août. — A l'Hôtel de Ville, le 31 octobre 1870, la salle où délibéraient les membres du gouvernement avait été envahie par les tirailleurs de Belleville; le tumulte était à son comble. Flourens, botté, éperonné, debout sur la table du conseil, proclamait un comité de salut public : MM. Félix Pyat, Blanqui, etc. Chaque nom était salué par de grandes acclamations.

Tout à coup, des voix s'élèvent, pleines de calme et d'autorité, dominant le tapage... Place!... place!... Un grand silence se fait, mêlé d'émotion... Est-ce une contre-révolution? Est-ce la délivrance pour les membres du gouvernement qui étaient les prisonniers de l'émeute?... Pas du tout... c'étaient les garçons de bureau qui, à l'heure habituelle, avec une régularité administrative, apportaient les lampes de la salle du conseil. La foule s'écarte devant eux... Ils place les lampes sur la table, règlent les mèches, mettent les abat-jour... puis tranquillement s'en vont du même pas dont ils sont venus... Et, dès qu'ils sont sortis, le tumulte reprend de plus belle.

Vendredi 11 août 1871. — Hier, dans le parc de Saint-Cloud, sur le gazon, au milieu des grandes tentes de l'ambulance, un catafalque était dressé. Autour d'un cercueil étaient rangés cinquante ou soixante soldats estropiés, infirmes, amputés. Cinq ou six, pâles, épuisés, s'étaient fait rouler près du catafalque, dans de petites voitures. Sous les tentes, dans leurs lits, les blessés se soulevaient et regardaient de loin. Une musique militaire jouait une marche funèbre; puis un pasteur protestant prononça un discours. Beaucoup de soldats pleuraient.

Je demande le nom de celui à qui l'on faisait de si touchantes funérailles. C'était un jeune chirurgien danois, le docteur Arendrup; depuis le commencement de la guerre, il soignait nos blessés avec le plus admirable dévouement; il vient de mourir à la peine.

Deux soldats derrière moi, pendant l'allocution du pasteur, causaient :

— Lui en fait-on des belles phrases! disait l'un des soldats, lui en fait-on !

— C'est que c'était un bien brave homme.

— Oh! je sais bien, mais s'il était mort, il y a six mois, on ne lui aurait pas fait tout de même tant de belles phrases. Quand nous avons enterré notre lieutenant-colonel, cet hiver, du côté de Saint-Calais — c'était aussi un bien brave homme — et on ne lui a pas dit tant de choses que ça... Un grand trou, quelques pelletées de terre, une croix de bois et ça été fini... Une heure après, les Prussiens arrivaient et nous nous battions à l'endroit même où on l'avait mis... Des coups de fusil, des coups de canon, voilà la musique et les discours qu'il a eus pour son enterrement !

Vendredi 18 août 1871. — Cette affiche s'étale sur tous les murs de Paris: *Aux hommes politiques! Aux hommes de lettres! A vendre, presque pour rien, un grand journal quotidien, republicain modéré. S'adresser à M. X****, etc., etc.

Presque pour rien... Et si l'on tombe d'accord sur ce *presque pour rien*, l'acquéreur sera-t-il condamné à rester républicain *modéré*? Pourra-t-il, si cela l'amuse, se déclarer républicain *immodéré*?

D'ailleurs, on vend, en ce moment, les choses les plus étranges. Sur les planches entourant ce monceau de platras qui fut autrefois le ministère des finances, j'ai trouvé, tout à l'heure, côte à côte, les affiches suivantes :

1° Vente aux enchères publiques, au fort d'Issy, de douze tonnes de pétrole, contenant 1125 litres;

2° Vente aux enchères publiques, au Louvre, de 35258 pièces de linge de corps et de table provenant de la lingerie impériale;

3° Vente aux enchères publiques au Tattersall, de cent chevaux provenant du train de l'artillerie allemande;

4° Vente aux enchères publiques, de deux batteries flottantes, etc.

Quelle liquidation! et qui pourra bien acheter ces deux batteries flottantes? Un vieux monsieur, de l'aspect le plus pacifique, était arrêté devant cette affiche et prenait des notes... Pensait-il à se monter une petite marine d'occasion? Elles trouveront acheteur, n'en doutez pas, ces deux batteries flottantes, car mon coiffeur, ce matin, me disait :

— Tout va bien, monsieur, tout va bien... Les faux cheveux ont *repris* avec une rapidité extraordinaire.

Et ce ne sont pas seulement les faux cheveux qui reprennent... Tout reprend... Le nouveau directeur de l'Opéra a écrit, la semaine dernière, aux abonnés, pour leur demander s'ils avaient l'intention de conserver leurs loges. Et la *Semaine religieuse*, dans son numéro du 22 juillet, publie l'avis suivant :

Les personnes qui font partie de l'Adoration pour le Cœur de Jésus sont priées de vouloir bien faire connaître à la communauté si elles veulent conserver leurs jours et leurs heures d'adoration; dans ce cas, il leur sera remis une carte pour l'Adoration.

Et quelque grande mondaine, de la même plume, a dû écrire au directeur de l'Opéra et au directeur de la *Semaine religieuse* qu'elle reprenait sa loge à l'Opéra et son jour d'adoration.

Dimanche 20 août. — Au moment des élections de février 1871, il y a eu une étonnante poussée d'illustrations et célébrités provinciales. C'étaient, pour la plupart, des avocats, de braves gens, peu occupés, tous bâtonniers ou anciens bâtonniers — on est bâtonnier à peu de frais en province — pas jeunes, grisonnants et bedonnants. Sur le tard, grâce aux événements, la lumière se faisait en leur esprit. Ils découvraient leur véritable vocation : c'était la politique, et tous les aigles des barreaux de province s'envolaient vers Bordeaux, puis de Bordeaux à Versailles.

Après quoi, ce fut avec la Commune, une nouvelle et plus brillante encore floraison de grands hommes, grands hommes d'État et grands hommes de guerre. Jamais, en moins de temps, plus de Français n'arrivèrent à la gloire, et à quelle gloire ! Si bien que les rédacteurs du grand dictionnaire Larousse, depuis cinq ou six ans en cours de publication, sont, en ce moment, dans le plus terrible embarras. Mille ou douze cents grands hommes de fraîche date sont là, faisant queue à la porte du Panthéon et réclamant leur part d'immortalité. Ils seront les héros d'un volume supplémentaire.

Mardi 22 août 1871. — Les caravanes anglaises commencent à prendre une marche régulière. Nos voisins viennent voir les ruines de Paris et visiter les champs de bataille autour de Paris : Buzenval, Champigny. La place du Havre, tous les matins, vers dix heures, offre un curieux spectacle. Il y a là, rangés le long du trottoir, plusieurs breaks à quatre chevaux. La capacité de chaque break est de trente à quarante Anglais ou Anglaises. Cent cinquante à deux cents touristes, le guide à la main, la lorgnette en bandoulière, attendent paisiblement, sur le trottoir, le signal de leurs guides pour monter en voiture.

Des Français n'auraient pas ce calme et cette patience. Ils voudraient tous avoir la meilleure place, et ce serait une épouvantable bousculade.

Ici, l'ordre le plus parfait. Ces Anglais sont merveilleux; ils savent qu'ils ne s'appartiennent plus; ils ont traité avec un entrepreneur qui doit les coucher, les nourrir, les voiturer, etc., etc. Ils se laissent faire docilement. Ils ne sont plus des êtres libres; ils sont des colis manipulés par des employés. Ils ont le sentiment que c'est au gouvernement qu'il appartient de gouverner. Et c'est peut-être à cause de cela qu'il n'y a pas, tous les quinze ou vingt ans, une révolution en Angleterre.

Samedi 26 août 1871. — Les journaux ne publient que des comptes rendus fort abrégés des audiences des conseils de guerre de Versailles. Il faut espérer que les choses qui se disent là seront recueillies par la sténographie et publiées *in extenso*. L'histoire de la Commune est tout entière, étrange et naïve, dans les dépositions des témoins.

Voici, par exemple, le texte, absolument exact et complet, des paroles prononcées hier par un témoin qui se nommait Parod.

Le colonel Merlin lui adresse cette question :

— Vous avez été arrêté sous la Commune. Pourquoi avez-vous été arrêté?

— Pour rien ; parce que j'ai déplu, en passant sur le boulevard, à un colonel... Il faut dire qu'il était un peu *lancé*, ce colonel... J'étais sur le trottoir avec un de mes amis... Ce colonel voulait remonter à cheval... Je vois qu'il se trompe de pied pour l'étrier. Je dis à mon ami : « Regardons bien, ça va être drôle, nous allons rire. » Cependant le colonel s'aperçoit qu'il se trompe de pied, reprend le bon pied, mais ne l'engage pas assez dans l'étrier, veut s'enlever, manque son coup, glisse, roule, se rattrape à l'étrivière, le képi tombe d'un côté, le sabre de l'autre. Nous nous tordions, mon ami et moi.

— Était-ce bien un colonel? demande le président du conseil.

— Oui, monsieur le président, c'était un colonel... enfin, il avait cinq galons d'argent à sa manche et à son képi... Moi, je dis à mon ami : « Si ce n'est pas dégoûtant! Voilà pourtant des gens qui font massacrer le monde. » J'avais parlé trop haut. Le colonel m'entend, se retourne et me dit : « B... d'aristo, ça vous va bien de vous moquer de ceux qui se font tuer pour vous. — Ça n'est pas en ce moment-ci, en tout cas, que vous vous faites tuer pour moi... et puis, je ne vous demande pas de vous faire tuer pour moi. — A votre âge, me répond le colonel, vous devriez être dans nos rangs, devant l'ennemi. — Dans vos rangs... Eh bien! et vous, est-ce que vous y êtes dans vos rangs? Vous êtes en train de faire la noce. Voilà tout! — Qu'on empoigne cet homme-là, s'écrie le colonel. — M'empoigner! ça ne se passera pas comme ça, avez-vous un mandat d'amener? Et puis je suis étranger, Suisse, né à Lausanne. — Ah! vous êtes étranger!... Vous venez manger l'argent de la France! — Je ne mange pas l'argent de la France, je mange mon argent; c'est vous qui mangez l'argent de la France! » A ce mot, dans la foule, on se met à rire... On m'était sympathique... On me faisait de la place... Je manœuvrais pour me sauver; mais je vois le colonel et ses ordonnances qui cherchaient à me couper ma ligne de retraite. Je me dis : « Je suis capable de trouver, tout à l'heure, au lieu d'une foule sympathique, une foule pas sympathique... Ça tourne si vite, les foules, à Paris... »

Je m'arrête, mais la déposition tout entière était de ce ton, vive, alerte... On avait la scène devant les yeux... On assistait à la que-

relle de ce colonel... un peu *lancé* et de ce b...
d'aristo, qui était un petit bourgeois de Lausanne.

Lundi 28 août. — Petite conversation sur le théâtre, aux Variétés, entre deux très peu célèbres, mais très jolies petites comédiennes. C'était dans la journée, pendant une répétition, dans un recoin obscur des coulisses. Un simple châssis de toile nous séparait, le garçon d'accessoires et moi, des deux jeunes amies, et, sans être vus, nous entendions à merveille.

— Eh bien, tu lui as parlé ?

— Oui, je suis allée chez lui tout à l'heure.

— Et tu lui as dit ?

— Que tu étais désolée, mais que, comme il ne faisait plus rien pour toi, depuis trois mois, tu te trouvais dans la nécessité de lui donner congé.

— Et il a compris, n'est-ce pas ?...

— Il n'a pas compris du tout... Il s'est mis à aller et venir, comme ça, avec de grands gestes... « Elle ose dire que je n'ai rien fait pour elle, depuis trois mois... Tenez... Regardez... Soyez juge. » Et il est allé prendre, dans un tiroir fermé, un petit carnet... « Je me doutais de cela... et alors j'ai pris mes précautions... J'ai tout écrit. Vous allez voir. »

— Et tu as vu?

— Et j'ai vu qu'il avait dépensé pour toi plus de quatorze mille francs, depuis trois mois.

— Plus de quatorze mille francs!

— Et dame, dans les circonstances actuelles, ça représente bien vingt-huit mille francs sous l'Empire.

— Oh! non pas tant que ça. Et puis, d'ailleurs, ça n'est pas vrai; il n'a pas dépensé quatorze mille francs!

— Cependant, c'était écrit...

— Ah! je vois ce que c'est! Il compte les bijoux! C'est trop fort! Tu admets ça, toi, qu'il compte les bijoux?

En ce moment, brusque intervention du régisseur.

— Mais c'est à vous, mesdemoiselles... Vous avez manqué votre entrée!

Et mademoiselle X*** se précipite sur la scène, tout en répétant :

— Compter les bijoux! C'est trop fort! Compter les bijoux!

Nous restons seuls en présence, le garçon d'accessoires et moi. C'est un vieux serviteur de la maison, un excellent homme, aimé de tous au théâtre. Voilà bien longtemps que j'ai l'habitude de le voir trôner dans son magasin d'accessoires, au milieu de ses pendules en bois doré, de ses vieux fusils à pierre, de ses joyaux de chrysocale et de ses poulets de carton. Plus d'une fois, il m'est arrivé de causer, le soir, avec lui, dans les coulisses, et non sans agrément. Sa conversation vaut la conversation de bien des gens du monde. Il a entendu le dialogue des deux comédiennes, il me regarde et me dit avec un indulgent sourire de commisération :

— Pauvre petite, elle est ennuyée tout de même!

Il me quitte pour s'en aller chercher, au magasin d'accessoires, une vieille escopette et un vieux chapeau de brigand calabrais qui seront nécessaires, tout à l'heure, pour la répétition. Que de braves gens dans tout ce petit monde des théâtres : machinistes, habilleurs, avertisseurs, etc., etc. Et jamais, chez eux, dans leur pauvreté, jamais de jalousie, jamais de révolte, jamais de colère contre le luxe des comédiennes. Cet honnête homme, qui gagne cinq ou six francs par jour, s'intéressait au malheur de cette petite qui ne veut pas que les bijoux comptent.

On répète une des grandes opérettes d'Offenbach dont la reprise doit avoir lieu dans quelques jours. Je veux entrer en scène, mais je me heurte à une petite troupe de choristes, une dizaines de basses chantantes, qui me barrent la route. Les bras ballants, d'une voix caverneuse, ils chantent :

>Grisons-nous tous
>Comme des fous,
>Et chacun ayant sa chacune
>Amusons-nous au clair de lune.
>Grisons-nous tous, etc.

Le chœur terminé, pendant que mademoiselle Aimée dit, avec beaucoup d'éclat, la grande phase du finale, deux de mes basses chantantes se mettent à causer :

— C'est drôle d'entendre ces airs-là. Nous ne les chantions pas, l'année dernière. Où étiez-vous pendant la guerre ?

— Ici, à Paris, dans un régiment de marche.

— Moi, à l'armée de la Loire, avec le général Chanzy. Nous en avons eu de la misère, devant le Mans.

Et tous deux, au signal donné, reprennent avec leurs camarades :

> Grisons-nous tous
> Comme des fous, etc.

Je me faufile parmi les choristes, et me voici sur la scène. Offenbach est là, assis à l'avant-scène, dans un fauteuil, très pâle, grelottant sous un paletot d'hiver.

— Je suis souffrant, me dit-il, je n'ai pas dormi cette nuit, pas déjeuné ce matin ; je n'ai ni voix ni jambes. La répétition est détestable... Tous les mouvements défigurés... ralentis... et je n'ai pas le courage de m'en mêler.

Il n'a pas fini cette phrase, et le voilà debout, furieux, brandissant sa canne. C'est aux choristes femmes qu'il s'adresse :

— Qu'est-ce que vous venez de chanter là, vous, mesdames?... recommençons, recommençons tout le finale !

Offenbach va se placer près du piano, à côté du chef d'orchestre, et prend la direction de la répétition. Il a soudainement retrouvé, comme par miracle, le mouvement, la force, la vie. Il s'anime, s'excite, s'échauffe, se démène, parle, chante, crie, va secouer, tout au fond du théâtre, des choristes endormis, revient à l'avant-scène, puis court à gauche bousculer des figurants... il grelottait tout à l'heure ; il est en nage maintenant. Il ôte son paletot et l'envoie à la volée sur le fauteuil, il bat la mesure à tour de bras, casse sa canne, tout net, en deux morceaux, sur le piano, laisse échapper un juron, jette par terre sa moitié de canne, arrache violemment l'archet des mains du chef d'orchestre tout effaré, et, sans s'arrêter, avec une puissance extraordinaire, continue de battre la mesure, tenant et entraînant tout le monde à la pointe de son archet. Que d'esprit dans cette physionomie si expressive et si originale! Que d'énergie dans ce petit corps, si frêle, si délicat, si chétif! Ce n'est plus le même homme, et ce ne sont plus les mêmes artistes, plus les mêmes choristes. Le finale est enlevé, de verve, d'un seul trait, sans accroc, dans une véritable furie de bonne humeur et de gaieté. Et tous, artistes, choristes, figurants, après la dernière note jetée, applaudissent Offenbach, qui retombe épuisé sur son fauteuil en disant :

— J'ai cassé ma canne, mais j'ai retrouvé mon finale.

Jeudi 31 août 1871. — Encore au conseil de guerre. On prétend qu'il y a trois ou quatre cents façons de dire : *Je vous aime.* Il y a autant de manières de répondre *non* à cette question adressée par le colonel Merlin à chaque témoin : *Êtes-vous parent ou allié de l'accusé ?*

Une grosse dame se présente, rougeaude, émue, agitée... Le président dit la petite phrase : *Êtes-vous parente*, etc...? — « Moi, oh! non, par exemple, s'écrie la grosse dame avec indignation... » Et elle paraît positivement révoltée qu'une telle supposition ait pu venir à l'esprit de ce colonel.

Les pompiers, les gendarmes, les sergents de ville ne bronchent pas et répondent tranquillement, impassibles : « Non, mon colonel. »

Un monsieur qui se présente d'un air assez dégagé, et qui, tout à l'heure, cherchera à briller dans sa déposition, sourit en entendant la question du président et répond, légèrement, avec un petit dodelinement de la tête : « Non, non, monsieur le président. »

Cet autre s'avance lentement, majestueusement, solennellement ; il s'est composé une attitude et a dû *l'essayer* devant sa glace, le matin. Il s'écrie : « Parent ! Allié ! Jamais, monsieur le président ! » Et il reste, le bras étendu, dans une attitude théâtrale. Il appartient à la catégorie des témoins ravis d'être témoins, fiers d'avoir à parler en public.

Voici, au contraire, le témoin timide, gêné, embarrassé. *Êtes-vous parent ou allié ?...* Il croit avoir mal entendu... Il ne s'explique pas qu'on puisse lui adresser une pareille question... Enfin, il balbutie : « Pardon, monsieur le président, mais je n'ai pas bien compris. » Alors le colonel docilement redit la question, et le témoin de répondre : Oh ! non, ni parent, ni allié, et, d'ailleurs, je le serais que je ne l'avouerais pas. »

Une femme d'une trentaine d'années, assez belle, grande, vigoureuse, haute en couleur, et d'un aplomb magistral...

— Votre nom ? votre âge ? Êtes-vous ou avez-vous été au service de l'accusé ?

Et cette femme, alors, de la voix la plus nette :

— Au service de l'accusé... Mon Dieu ! j'ai été sa maîtresse pendant dix-huit mois... Ça peut-il s'appeler avoir été au service de quelqu'un ?

Jamais je n'ai vu un conseil de guerre plus violemment interloqué. Le colonel regardait le chef de bataillon qui regardait le capitaine qui regardait le commissaire du gouvernement. Tous, anxieux, du regard, se consultaient... Le président, enfin, reprit :

— Non, non ! ça ne peut pas s'appeler avoir été au service de quelqu'un.

— Comme vous voudrez, monsieur le président.

L'interrogatoire continue.

Samedi 2 septembre. — Autre vente, hier, la vente des voitures de l'Empereur dans la cour des écuries du Louvre. Je passais sur le quai. Je vois une affiche collée au-dessous du balcon de Charles IX, une véritable affiche de vente judiciaire après faillite ; rien n'y manque: noms de l'expert et du commissaire-priseur, adjudication au comptant, cinq pour cent de frais, etc., etc. J'entre. On ne vend que les voitures de service...

Le commissaire-priseur est à son poste. Un vieux monsieur, très râpé, s'approche de lui.

— Et les voitures de gala, quand les vendra-t-on ?

— Je ne saurais vous dire... Le liquidateur est fort embarrassé... Les acheteurs probablement feraient défaut... Il n'y a plus de débouchés pour les équipages de cour.

— Comment, plus de débouchés ?

Le vieux monsieur râpé paraît vexé, très vexé.

— Non, il n'y en a plus... Après 1830, après 1848, on s'est défait à très bon compte des grandes voitures royales. Il y avait, en Allemagne et en Italie, beaucoup de petits rois et de grands-ducs qui étaient enchantés de trouver *de bonnes occasions*: mais le nombre des souverains a tant et tant diminué dans ces derniers temps que, je vous le répète, il n'y a plus de débouchés.

Le commissaire-priseur, qui connaît évidemment le vieux monsieur râpé, ajoute en riant :

— Vous n'aviez pas envie d'acheter une voiture de gala ?

— Si fait ; j'avais commission...

— Pour qui donc ?

— Pour le directeur d'un cirque...

Voilà comment Napoléon III, en poussant au système des nationalités, des grandes agglomérations, en aidant le roi d'Italie et le roi de Prusse à culbuter les petits trônes italiens et allemands, voilà comment Napoléon a compromis, non seulement les intérêts de la France, mais encore les intérêts de la liquidation de sa liste civile... On ne sait que faire de ses voitures de gala.

Quelle hétacombe, en effet, depuis dix ans ! En 1860, le grand-duc de Toscane, les ducs de Parme et de Modène ; en 1861, le roi de Naples ; en 1862, le roi Othon ; en 1866, le roi de Hanovre, le duc de Nassau et l'électeur de Hesse ; en 1867, l'empereur Maximilien ; la reine d'Espagne, en 1869 ; l'empereur Napoléon, en 1870, et, très prochainement, selon toute apparence, le duc d'Aoste, encore roi d'Espagne, en ce moment, mais, pour peu de temps, selon toute probabilité.

Vendredi 8 septembre 1871. — Le hasard, ce matin, fait tomber sous ma main un exemplaire du *Times*, du 22 mars dernier. Les correspondants du *Times* étaient alors dans la joie. De toutes parts, depuis dix mois, quelle abondance merveilleuse d'événements *à sensation* ! Le *Times* avait mis en mouvement une véritable armée de reporters, tous pleins d'entrain, d'ardeur, et, il faut bien le reconnaître, de talent, mais ayant beaucoup plus de goût pour les vainqueurs que pour les vaincus. Nous n'avons pas été traités avec impartialité et générosité par le grand journal de Londres. Et, cependant, ceux qui voudront raconter plus tard l'histoire des années 1870 et 1871, trouveront dans les colonnes du *Times* des choses bien curieuses et bien exactes.

Ce numéro du 21 mars est à lui seul, le plus saisissant, le plus extraordinaire des documents historiques. Il mériterait d'être traduit de la première ligne à la dernière.

D'abord deux *Leading articles*. Le premier est consacré au mariage de la princesse Louise avec le marquis de Lorne. Voici ce qu'un Anglais pouvait écrire, pendant que la guerre civile succédait en France à l'invasion, pendant que nous prenions plaisir à nous entre-tuer, sous les yeux de M. de Bismarck :

« Aujourd'hui un rayon de soleil égayera
» chaque maison de l'Angleterre. Une fille du
» peuple, dans le sens le plus vrai du mot,
» sera mariée à un des nôtres. La mère est
» des nôtres, et la fille est des nôtres. Nous
» honorons la Reine et nous lui obéissons ;
» nous la couronnons et nous lui rendons
» hommage ; nous prions pour elle, et tra-
» vaillons pour elle, et combattons pour elle ;
» nous partageons ses joies et ses douleurs ;
» nous sentons que, dans le malheur aussi
» bien que dans la prospérité, nos destinées
» sont associées aux destinées de cette dynas-
» tie, à laquelle nous nous sommes confiés
» depuis tant de siècles. Nous avons, il est
» vrai, de bonnes raisons pour nous en féli-

» citer, en ce moment où les principes les
» plus nécessaires et les plus anciens de la
» société sont si étrangement méconnus. La
» royauté existe ici sous la forme la plus
» douce, la plus sage et la plus respectée. La
» Reine est une Anglaise, et sa famille une
» famille anglaise, etc., etc. »

Le second *Leading article* est consacré à la révolution du 18 mars et commence ainsi :

« La guerre est déclarée entre Paris et Ver-
» sailles, entre le drapeau rouge et le drapeau
» tricolore. La Commune est soulevée contre
» l'Assemblée. Il y a, entre les deux adver-
» saires, une question de force aussi bien
» qu'une question de droit, et c'est la solu-
» tion de la première qui décidera des mérites
» de la seconde. »

Je tourne la page, et trouve une lettre du correspondant de Paris, à la date du 19 mars, quatre heures de l'après-midi :

« Je viens de faire, dit-il, un petit voyage
» d'exploration. Un cordon de sentinelles
» interdit le passage sur la place Vendôme,
» qui était le quartier général d'Aurelles de
» Paladines, et qui est occupée par les sol-

» dats de la Commune. Le commandant en
» chef Henry a quitté son petit cabaret de
» Montrouge pour une nouvelle résidence
» véritablement princière. Tout est tranquille
» aux alentours de la place Vendôme. Je
» gagne la rue de Rivoli, qui est déserte. Pas
» un factionnaire dans les guérites des Tuile-
» ries. Le portier du palais paraissait profon-
» dément perplexe. Je voulais entrer, il me
» fit des remontrances ; il sentait, bien qu'il
» n'y eût pas une âme dans les Tuileries,
» qu'il avait encore à remplir une sorte de
» devoir abstrait. Il avait déjà vu bien des
» changements de propriétaire, et il était la
» seule personne qui pût se considérer, pour
» le moment, comme maître du château. J'eus
» avec lui une curieuse conversation, et je
» m'en allai à l'Hôtel de Ville. »

Toutes les rues sont solidement barricadées, d'après un système particulier, et le correspondant du *Times* constate, avec une évidente complaisance, que ce système est des plus pratiques et des plus ingénieux :

« Un passage est laissé libre au centre pour
» les piétons, la section du milieu étant en

» avant et recouvrant les deux sections de
» côté. Des enfants, apprenant de bonne
» heure l'art de gouverner Paris, travaillent
» activement à la construction des barricades,
» et, de temps en temps, des passants
» sont invités à vouloir bien apporter leur
» pavé. Le son des clairons se fait entendre et
» cause une certaine émotion ; des gardes na-
» tionaux et des soldats de la ligne, ces der-
» niers non armés, mais plus nombreux que
» les gardes nationaux, arrivent en chantant,
» agitent leurs képis et sont chaudement ac-
» cueillis par les barricadeurs. C'est le mo-
» ment où il est prudent, de la part des per-
» sonnes les plus antidémocrates, de lever
» leurs chapeaux et de montrer beaucoup
» d'enthousiasme. »

Je tourne encore la feuille, et je vois, sur la même page, deux correspondances venant immédiatement à la suite l'une de l'autre, datées, la première de Berlin, 18 mars, l'autre de Douvres, 20 mars, et racontant, la première, le retour de *l'Empereur-Roi en Allemagne*, et la seconde, l'arrivée de *l'Empereur Napoléon en Angleterre*.

C'est le *samedi 18 mars* que l'empereur Guillaume a fait son entrée à Berlin, en même temps que M. Assi et ses amis faisaient leur entrée à l'Hôtel de Ville de Paris. Le correspondant du *Times* raconte la grande ovation faite à l'Empereur. Les locomotives, les wagons, les stations étaient décorés de drapeaux et de guirlandes de sapin et de chêne, les deux arbres symboliques de Brandebourg et d'Allemagne. A une distance de plusieurs milles de Berlin, la voie est bordée d'une foule immense; ouvriers, enfants des écoles, corporations, tout le monde en habit de fête. C'étaient là les avant-gardes de l'armée de plusieurs centaines de milliers de personnes qui, dans la capitale, attendaient l'arrivée du souverain. Il paraît, il salue, au milieu des hourras enthousiastes. Il est reçu par les princes et les princesses de la famille impériale. A cette même place, dans cette gare, il avait quitté la Reine, il y a huit mois... et il revenait empereur d'Allemagne. Il embrasse sa femme, ses filles, ses petits-enfants, et, vaincu par l'émotion, ne peut retenir ses larmes. On lui jette des bouquets de roses, des couronnes de laurier. Puis, il monte en voiture et se dirige vers le palais, *à l'heure même* où les vainqueurs de Belleville et de Montmartre s'installaient à l'Hôtel de Ville et se disaient : « Paris est à nous, il s'agit maintenant de s'emparer de la France ! »

Cependant *ce même jour*, l'empereur Napoléon, rendu à la liberté, se préparait à quitter le palais de Wilhelmshöhe, et le *Times* du 21 mars raconte le voyage de Napoléon III, de Cassel à Douvres.

Le dimanche 19 mars, à six heures, pendant que M. Thiers abandonnait Paris, en emmenant avec lui tout le gouvernement, l'empereur, partait de Wilhemshöhe, escorté par une garde d'honneur allemande, sous le commandement du général de Montz, gouverneur de Cassel, qui l'accompagne jusqu'à la frontière. L'Empereur est reçu là par un aide de camp du roi des Belges, traverse toute la Belgique dans le train royal et s'embarque sur le *Comte de Flandre*, le yacht à vapeur du roi des Belges. A Douvres, l'Empereur trouve l'Impératrice, le Prince Impérial, le prince Murat, le prince Lucien Bonaparte et les *dames de service*, mesdames de Saulcy et Carrette. Une foule énorme attendait, et les Anglais font à l'Empereur une réception enthousiaste. *Applaudissements sur applaudissements éclatent au milieu de la multitude assemblée ;* l'Empereur sourit et salue. Le capitaine du port, M. William Henry Pain, s'approche de l'Empereur et tient *cet extraordinaire petit discours* :

« A cette même place, il y a quinze ans, lors de votre visite en Angleterre, j'ai reçu Votre Majesté, et je vous réitère maintenant mes salutations. »

Après avoir répondu par une phrase aimable, l'Empereur se dirige à pied vers la gare du South-Eastern. La foule est compacte, les policemen ont grand'peine à frayer un passage à l'Empereur. Il arrive à la gare, revoit l'Impératrice qui l'embrasse passionnément à plusieurs reprises. Le Prince Impérial se jette dans les bras de son père, puis le cortège se rend à l'hôtel de *Lord Warden*. Les acclamations redoublent. Le peuple paraît ivre d'enthousiasme... Ce sont des cris délirants de : *Vive l'Empereur ! Vive l'Impératrice !* L'Impératrice paraissait à la fois effrayée et charmée; l'Empereur souriait toujours, et, même lorsqu'il était bousculé par la foule, ne cessait de saluer et d'ôter son chapeau. A la gare, nouveau train royal, et c'est dans un *wagon-salon tendu d'une exquise soie rose pâle* que l'Empereur fait le voyage de Douvres à Chislehurst. Pendant ce temps, Assi pouvait se promener, à Paris, dans les voitures de l'Empereur, car trois ou quatre de ces voitures avaient été amenées à l'Hôtel de Ville, pendant le premier siège de Paris.

Voilà ce que raconte ce numéro du *Times*. Elles sont d'hier, ces choses, et déjà si loin de nous, déjà dans un tel effacement! On s'efforce de n'y plus penser. On ne demande qu'à revivre, et l'on revit, très vite, très facilement; trop vite, peut-être, trop facilement. N'aurions-nous pas assez souffert? N'aurions-nous pas été assez vaincus, assez humiliés? La leçon ne pouvait cependant être plus dure.

Dans les années qui précédèrent le partage de la Pologne, siégeait à la Diète un vieux député à peu près en enfance, mais dans l'âme duquel, par éclairs, se réveillaient la raison et le patriotisme. Tout d'un coup, au milieu d'une discussion, en pleine mêlée des partis, ce vieux député se levait et criait : « *Finances ! Soldats ! Finances ! Soldats !* » puis il retombait sur son banc et se taisait. Finances ! Soldats ! Toute notre politique devrait être dans ces mots-là. Mais l'Assemblée de Versailles ne se plaît qu'aux questions irritantes. La Chambre à Paris, voilà le sujet à l'ordre du jour, et, à ce propos, un très intelligent et très spirituel député de la gauche a prononcé cette phrase extraordinaire :

« Quand un pays est divisé comme la France, ce pays est bien heureux d'avoir une capitale qui se charge de faire une révolution en trois jours. »

Ainsi, voilà qui est entendu, la Révolution est un *article de Paris*. Ce n'est qu'à Paris qu'on sait faire les fleurs artificielles, les vaudevilles, les révolutions en trois jours et les porte-monnaie à onze sous... La province ne viendrait jamais à bout d'une révolution ; ça traînerait, ça languirait, ça n'en finirait pas...; tandis que Paris fait des révolutions bien gentiment, bien lestement, bien complètement, et en trois jours. Il ne tâtonne pas, il sait comment s'y prendre, il connaît *la marche* : envahir la Chambre, proclamer le gouvernement provisoire à l'Hôtel de Ville, etc. Et même pourquoi parler de trois jours? C'est de l'histoire ancienne, cela. Il y a progrès ; la chose s'est faite en trois heures, le Quatre Septembre.

Mardi 12 septembre. — Hier, à la Chambre, et pendant que n'importe qui, sur je ne sais quel sujet, disait n'importe quoi, je regardais Gambetta. Je ne l'avais pas vu, depuis le mois de novembre, à Tours, pendant la guerre. Il était assis à l'extrémité d'un banc à gauche. Il avait son air *bon enfant*, son air d'autrefois, son air du temps où il n'était rien. Il a quelque mérite à garder cet air-là, car Gambetta est aujourd'hui une sorte de petit souverain. Il a conservé ses familiers, ses courtisans, son état-major de Bordeaux et de Tours, son personnel administratif et politique. Voilà le plus sérieux danger du temps présent! Deux meutes affamées, avides de préfectures et de sous-préfectures, les destitués de septembre 1870 et les destitués de février 1871, attendent, avec une égale impatience et une égale avidité, la restauration de celui, Empereur ou Président, qui leur rendra leurs places. La politique est en train de devenir une affaire, un métier, une spéculation. Ces malheureux révoqués me font penser à ce capitaine Jachet que le comte d'Estourmel rencontra en Italie.

« Le capitaine Jachet me détaillait, un jour,
» les agréments que lui rapportait le comman-
» dement du château d'Orbitello. Indépen-
» damment du traitement fixe, me dit-il, on
» jouit des divers bénéfices attachés à la
» place; on a du bois, de la chandelle et de
» la considération. »

Je parlais, tout à l'heure, du temps où Gambetta n'était rien. J'avais tort. Gambetta a a toujours été quelque chose. C'était en 1862 ou 1863. Gambetta n'avait pas vingt-cinq ans, mais les *Cinq* le traitaient déjà avec une extrême déférence. Ils étaient, au Corps législatif, les représentants de cinq circonscriptions électorales. Gambetta était, par une sorte d'acclamation populaire de toutes les *parlotes* politiques du quartier latin, le représentant de la jeunesse des Écoles. Il était de la Chambre, sans en être. Il assistait à toutes les séances, et, lorsque Picard ou Jules Favre étaient à la tribune, ils jetaient, de temps en temps, en l'air, à la dérobée, de petits regards du côté de Gambetta, qui leur envoyait des signes d'encouragement et d'approbation.

Un jour, oui, c'était bien en 1863, Picard devait parler. La salle était comble, archi-comble, et Picard était au désespoir. Il n'avait pas de billet pour Gambetta, lequel allait et venait, agité, dans la salle des Pas-Perdus. Pas de place pour Gambetta! Que dirait la jeunesse des Écoles? Un député de la majorité, M. de Montjoyeux, vint au secours de Picard. Il s'en alla trouver M. de Morny et lui demanda un petit coin pour le jeune ami des *Cinq*.

— Il n'y a plus de place que dans ma tribune, répondit M. de Morny. Je vais y faire placer M. Gambetta. On m'a beaucoup parlé de lui. Je ne serai pas fâché de le voir.

Et Gambetta fut introduit dans la tribune de M. de Morny, lequel, la lorgnette à la main, examinait le petit avocat du quartier latin. Après quoi, il agita la sonnette présidentielle et ouvrit la séance. Cette sonnette, toujours la même, c'est peut-être un jour Gambetta qui la fera carillonner. Ainsi va le monde !

Bien souvent, en ce temps-là, il m'est arrivé de sortir du Corps législatif, en compagnie de Gambetta. Nous nous en allions, en petite troupe, quatre ou cinq, au soleil couchant, après la séance, très lentement, le long des quais. Et tout le long des quais, avec beaucoup d'esprit et beaucoup d'éloquence, Gambetta nous *refaisait* la séance. Voilà ce qu'il aurait fallu dire, et comment il aurait fallu le dire. Il n'était pas toujours content des *Cinq*. Il les accusait de tiédeur et de mollesse. Ah! s'il avait été là! Il s'animait, s'échauffait, s'emportait, jetait à pleine voix de retentissantes tirades. Les bouquinistes étonnés nous regardaient passer. Un jour, il nous fit, sur le quai Voltaire, devant le *Moniteur officiel*, un admirable discours sur la liberté de la presse. Et, tout à coup, au milieu de ce discours, de l'autre côté de l'eau, sortirent des

Tuileries et défilèrent sur le quai du Louvre, les grandes calèches de la cour, attelées à la Daumont, avec leurs quatre chevaux, leurs jockeys galonnés, et les piqueurs, et l'écuyer de service, au petit galop, près de la portière. C'étaient l'Empereur et l'Impératrice qui s'en allaient au bois de Boulogne. Gambetta salua leur passage d'une véhémente apostrophe. Il n'y avait que la largeur de la Seine entre l'Empereur et le jeune avocat qui devait gouverner dictatorialement la France après la chute de l'Empire.

Mardi 19 septembre 1871. — Dans la gare de Saint-Cloud, encore un de ces grands troupeaux d'Anglais, lorgnettes en bandoulière, et, sous le bras, le *Guide de l'étranger à travers les ruines*. A Londres, ils ont traité à forfait avec un entrepreneur. Voici le programme et le tarif. Je traduis textuellement :

Une semaine à Paris. Voyage, hôtel de premier ordre, ruines de Paris et champs de bataille autour de Paris, soirées à l'Opéra, au Théâtre-Français ; visites aux remparts, excursions à Champigny, Saint-Cloud, Versailles, etc. ; inter-

prètes distingués, tous frais payés et pourboires compris : *dix livres.*

Les Anglais sont là... cinquante ou soixante... L'interprète *distingué*, avant de mettre en mouvement sa petite troupe, prononce un discours :

— Saint-Cloud, dit-il, est tout à fait *curious, interesting, sensational,* en ce moment, à cause d'une fête populaire, très gaie, en plein vent, des cirques, des acrobates..., tout cela à côté de la ville détruite... Nous commencerons par les ruines et nous finirons par la fête. *Off! off! ladies and gentlemen!*

Car il y a une dizaine de *ladies* au milieu de ces *gentlemen*. Ils partent, je les suis, Saint-Cloud les enchante, Saint-Cloud les ravit. A la bonne heure, voilà des ruines! De quelle manière Saind-Cloud a été détruit et brûlé lentement, *deliberately,* pendant l'armistice, ils le savent bien, ces Anglais, car ils lisaient le *Times,* et M. Russell a fidèlement raconté l'incendie de Saint-Cloud.

M. Jules Favre était venu, le 24 janvier, à Versailles, offrir à M. de Bismarck la capitulation de Paris.

A partir de ce moment, pour les Prussiens, devait commencer l'armistice, Paris ne tirant plus un coup de canon; et cependant, le 26 janvier, de Versailles, M. Russell écrit : « *De bonne heure, ce matin, la ville de Saint-Cloud a été incendiée par les Allemands*, etc. » Ainsi débute, dans le *Times*, la correspondance de M. Russell, et n'est-ce pas la plus décisive réponse aux journalistes allemands qui osent prétendre aujourd'hui que Saint-Cloud a été incendié par les obus français?

Il y a eu là une exécution *historique*. Le château de Saint-Cloud devait disparaître, et il a disparu, et, avec lui, toute une charmante ville. Les Anglais, radieux, se promènent aujourd'hui au milieu de ce vaste amas de décombres... Puis, ils s'en vont voir la fête, au galop, toujours au galop... Ils ont tant de choses à voir, et si peu de temps pour les voir. Le temps est admirable, il y a foule à cette fête de Saint-Cloud... Et beaucoup de gaieté, de grands éclats de rire devant les baraques de saltimbanques. La colonne anglaise se fait place avec une impétuosité froide et une curiosité féroce; on entend des exclamations : « Oh ! très pittoresque, très original, ces ruines, cette fête ! » Ils achetaient tout à l'heure des éclats d'obus, ils achètent maintenant des mirlitons... Mais le temps les talonne... Le guide pousse son troupeau vers la gare. Ils n'avaient qu'une heure pour les ruines et pour la fête ; l'heure est passée... A Versailles ! Versailles les attend.

Et voici que je me souviens, au milieu du vacarme de cette fête foraine, de ma dernière visite à Saint-Cloud, pendant la Commune. C'était le 9 avril, le jour de Pâques. Nous étions venus à pied de Versailles. Nous entrons, à dix heures du matin, dans l'église de Saint-Cloud... On chantait la grand'messe. Les voix des enfants de chœur s'élevaient, hautes et claires, accompagnées à la fois par l'orgue de l'église et par le canon du Mont-Valérien. Un prêtre monta en chaire et se mit à parler de la charité et de l'amour du prochain. La fin du sermon fut très touchante.

« Au milieu de toutes nos douleurs, disait le prêtre, au milieu de toutes nos angoisses, Dieu ne nous abandonne pas. Jésus-Christ nous reste. Son église est debout, épargnée, intacte, parmi les ruines... Priez mes frères et communiez dans le Seigneur. »

Toutes les femmes pleuraient. Quelle chaire en pareil jour, en pareil lieu, quelle chaire pour un Lacordaire ou un Ravignan !...

Nous sortons de l'église. Le pont de Saint-Cloud était gardé par une compagnie de ligne. Les fédérés occupaient le bois de Boulogne. De la rive droite à la rive gauche, entre Suresnes et Saint-Cloud, on se tirait des coups de fusil. La circulation était interrompue sur le pont. Une femme exaspérée se disputait avec un sergent.

— C'est dans votre intérêt, disait le sergent, qu'on vous empêche de passer. Vous serez bien avancée quand vous aurez reçu une balle dans la tête.

— Une balle! une balle! répondait la femme, je me moque pas mal de recevoir une balle, pour l'agrément de la vie d'à présent... Et puis, je n'en recevrai pas de balle. Je suis habituée à circuler au milieu des coups de fusil, depuis le temps que tout cela dure. Laissez-moi passer.

— Vous ne passerez pas.

— Ah! tenez, les Prussiens étaient moins tourmentants que vous, ils nous laissaient passer, quand ils avaient le pont... On pouvait aller à ses affaires... J'ai du linge à rapporter de Boulogne. Vous me ferez perdre mes pratiques.

A ce moment, la fusillade devint plus vive. Les factionnaires, le long du quai de Saint-Cloud, regardaient l'autre rive, immobiles, prêts à tirer.

— Voulez-vous bien vous en aller et nous laisser tranquilles, dit le sergent à la femme.

Et celle-ci s'en alla en haussant les épaules.

— Se mettent-ils dans des états pour quelques méchants coups de fusil! disait-elle. Enfin je vais essayer de passer par le pont de Sèvres.

Nous retournons du côté des ruines de Saint-Cloud. Nous rentrons dans l'église. La messe finissait. Le vieux curé de Saint-Cloud, d'une voix lente et grave, prononçait l'*Ite missa est*. Le canon du Mont-Valérien redoublait de violence.

Que tout cela est près de nous! six mois, à peine six mois! et c'est la grosse caisse des saltimbanques de la fête de Saint-Cloud que j'entends, au lieu du canon du Mont-Valérien.

Ville-d'Avray, 20 septembre. — J'ai assisté ce matin au réveil de la fête de Saint-Cloud. Rien de plus original; on surprend ainsi, en déshabillé, tout un peuple extraordinaire de saltimbanques, de femmes-silures, de pitres, de bobèches, de somnambules, d'hommes caoutchouc, de femmes colosses, de faux squelettes et de femmes-torpilles.

Voici le petit lever d'une écuyère de cirque forain ; la porte d'une baraque roulante s'entr'ouvre; une jeune dame se montre, une Salomé de barrière... Deux grands yeux perdus dans une tignasse noire retombant de tous côtés en cascades. Et quel costume! un vieux jupon de tricot rose, une grosse chemise de toile écrue, les pieds nus dans des chaussons de lisières. La pauvre petite, encore vaguement endormie, tire de la baraque son matelas et l'étale au soleil, sur l'herbe, pour lui faire prendre un peu l'air. Pendant ce temps, toute une procession sortait de la voiture... un enfant... un chat noir... encore un enfant à demi nu... un chien blanc... un autre enfant... un autre chien... puis un singe... et enfin un monsieur... un seul monsieur... mais quel monsieur ! le maître de cette ménagerie... le roi de tous ces animaux !... Ils avaient passé la nuit, là dedans, en famille.

A cinquante pas de là, je surprends, entre une marchande de pain d'épice et la gérante d'un tir aux macarons, ce lambeau de conversation :

— Vous ne savez pas... la fille de la somnambule épouse le fils de la toupie hollandaise... c'est décidé d'avant-hier.

— Oh ! ça devait finir comme ça.

Est-ce la fille de la somnambule sur la porte de laquelle je lisais tout à l'heure cette affiche pleine de promesses :

C'est ici la rêveuse des destinées du monde. Cette dame se rend en ville et ne laisse rien à désirer.

J'entends des cris. Je vois un rassemblement. De toutes parts on accourt. C'est un combat, un combat entre deux femmes. J'interroge une marchande de pain d'épice qui me dit :

— C'est deux joueuses d'orgue qui se disputent un estropié. Il y en a une qui veut le garder, et l'autre qui dit que c'est son tour de l'avoir, qu'elle l'avait retenu pour aujourd'hui. Tenez, il est là, l'estropié !

Elle me montre un pauvre diable sans jambes, assis dans un petit chariot ; il contemplait la bataille d'un air doux et résigné, attendant la fin du combat pour s'abandonner docilement au vainqueur..

Les joueuses d'orgue me font penser à ces partis qui se livrent bataille dans la salle de spectacle de Versailles et qui prétendent que c'est leur tour d'avoir l'estropié, c'est-à-dire la France.

———

Jeudi 21 septembre. — Les journaux anglais admirent beaucoup l'allocution prononcée par M. Grévy à la fin de la dernière séance de la Chambre :

« Messieurs, a-t-il dit, la session est close. »

Il a mis son chapeau sur sa tête et s'en est allé...

Je sais un autre discours qui, par sa vigueur et sa concision, peut soutenir le parallèle avec l'allocution du président de l'Assemblée nationale.

C'était devant le conseil de guerre ; le colonel de Boisdenemetz donne la parole à un maréchal des logis de la garde républicaine, lequel était chargé de défendre, d'office, une pétroleuse, la fille Papavoine, je crois. C'était un vieux soldat à moustaches grises, la poitrine chargée de médailles et le bras chamarré de chevrons. On lui donne la parole. Il se lève, très ému, — c'était sa première plaidoirie, — fait le salut militaire en disant : *Mon colonel... Mon colonel...* consulte son dossier, tousse, se mouche, feuillette les paperasses étalées devant lui, répète : *Mon colonel... Mon colonel...* frise sa moustache, rajuste son ceinturon, et, enfin, avec effort, faisant encore le salut militaire, dit d'un seul trait :

« Je m'en rapporte à la justice du conseil. »

Il se rassied. C'était fini. Il s'éponge le front. Il était en nage.

Nous avons entendu un autre discours bien extraordinaire, dans les premiers jours de ce mois, aux obsèques de Paul de Kock. Emile de Najac, qui représentait la commission des auteurs dramatiques, venait de dire quelques paroles sur la tombe, lorsqu'un inconnu se présenta et débita *textuellement* la petite harangue que voici :

« Paul de Kock, je te lis depuis 1828, et tu m'as toujours fait le plus grand plaisir. En arrivant là-haut, tu pourras dire au bon Dieu :
— *Me voilà, moi, Paul de Kock, mais je ne sais pas pourquoi on n'a jamais voulu me décorer.* »

Samedi 23 septembre. — Il n'y a décidément qu'un très petit nombre de mots lesquels font périodiquement le tour de l'histoire.

Ceci a été raconté cent fois : Napoléon III passait une revue dans la cour des Tuileries ; mademoiselle de Montijo, d'une fenêtre du rez-de-chaussée, dans un salon voisin de la chapelle, assistait à la revue ; après le défilé, l'Empereur s'approche à cheval de la fenêtre et dit à mademoiselle de Montijo :

— Comment arriver jusqu'à vous ?

Et la future Impératrice aurait répondu :

— Sire, par la chapelle.

Or, dans un petit volume de *Mémoires sur*

Henri IV, imprimé en 1782, je trouve ces trois lignes :

« Henry IV ayant demandé à mademoiselle d'Entragues, qu'il aimait, par où l'on pouvait aller à sa chambre : — Sire, lui répondit-elle, par l'église. »

Lundi 24 septembre. — Je cherchais une victoria avec un cheval et un cocher présentables. J'en avise une, sur la place, rue de Châteaudun, près de l'église Notre-Dame de Lorette. Un petit cocher, tout jeune, avec de grosses joues rebondies. Il m'avait séduit par son air de bonne humeur et de gaieté. Ce n'est pas l'air habituel de nos cochers de fiacre !

Je dis au petit cocher :

— A l'heure, rue de Richelieu, 54.

Il me répond tranquillement :

— Où qu'c'est, la rue de Richelieu ?

— Vous ne savez pas où est la rue de Richelieu ?

— J'aime mieux vous dire la vérité tout de suite, c'est la première fois que je mène dans Paris. Je ne connais pas une rue, pas un boulevard, rien, enfin, rien !

— Alors pourquoi êtes-vous cocher?

— Je ne suis pas cocher. J'arrive de mon pays et je suis palefrenier depuis quinze jours, chez un loueur, à la Villette. Ce matin il a manqué quatre des cochers en pied. Le patron m'a dit : « Allons, prends un fouet, et monte sur le siège. Essaye de tomber sur de bons clients. Ils te conduiront. »

Cette candeur me désarma. Nous partons, je le conduis... *A droite... à gauche... à droite...* le n° 54, *c'est là*... Il ne savait pas lire! Nous repartons... 23, rue des Saints-Pères. Je reprends la direction de mon cocher... *Tout droit...* Voici la rue de Rivoli... *Traversez... Passez sous ce guichet... Allez... Allez...* Il va, mais, tout d'un coup, il s'arrête au beau milieu de la place du Carrousel, et se tournant de mon côté :

— J'avais jamais vu ça. Comme c'est beau! Là, à gauche c'est conséquent! Dites-moi ce que c'est?

— C'est le Louvre.

— Et c' qu'est brûlé?

— C'est les Tuileries.

— Ah! oui, j'ai entendu parler de ça,

chez nous. C'est pas les Prussiens, c'est les Communards qui ont fait ce coup-là. Ça devait être curieux à voir brûler un monument de cette conséquence-là. C'était antique, ces bâtiments-là.

Il se remit en route. Mais voilà qu'au milieu du pont du Carrousel, saisi d'admiration, il commence à dire.

— Oh! mais que c'est beau! que c'est donc beau! Et que c'est amusant de voir tout ça!

Il allait encore s'arrêter pour me demander des explications. Je l'oblige à marcher. Nous arrivons. Je le paye, et il me dit gaiement, drôlement.

— Merci, m'sieu. Vous êtes un bon client, vous. C'est pas comme des idiots de provinciaux que j'ai menés ce matin. Ils ne savaient pas me conduire. Mais, vous, à la bonne heure, vous connaissez Paris, et vous m'avez appris des choses... le Louvre, les Tuileries... C'est moi qui devrais vous donner un pourboire.

Mercredi 27 septembre. — Un de mes amis, lieutenant de vaisseau, nous faisait hier ce joli récit d'un essai de régime parlementaire en Cochinchine.

Un des gouverneurs de la colonie se mit en tête, un beau matin, de connaître le vœu des populations et de réunir une sorte de Chambre cochinchinoise. Il fit savoir que chaque village aurait à nommer un délégué, lequel délégué recevrait vingt sous par jour pour dire la vérité, toute la vérité, rien que la vérité.

Les élections eurent lieu, et quatre ou cinq cents délégués se trouvèrent réunis à Saïgon. Ils furent convoqués pour la première séance qui devait être présidée par le gouverneur. Il paraît... Aussitôt, tous les députés se jettent par terre à plat ventre... Les officiers de marine leur criaient : « Relevez-vous ! Relevez-vous ! » Ils restaient immobiles, anéantis, le nez contre le plancher. Devant le gouverneur, devant le maître, se relever, jamais ! On fut obligé de leur distribuer quelques coups de bâton, de les tirer par leurs queues, afin de les obliger à prendre une attitude plus noble et plus parlementaire.

L'amiral-gouverneur fit un discours d'ouverture tout plein d'images orientales. Puis il dit aux délégués : « Parlez... parlez sans crainte. Faites-moi connaître vos vœux... » Aucun n'osa desserrer les dents.

Le gouverneur leva cette première séance qui avait été pâle. Il y eut, le soir, délibération au palais du gouvernement. L'amiral déclara aux officiers de son état-major que cette Chambre dépassait les limites de la platitude, qu'il fallait à tout prix lui donner un peu d'indépendance, et qu'il était même indispensable de se procurer un semblant d'opposition. Il n'y a pas, sans cela, de régime vraiment parlementaire.

Les officiers de l'état-major, le lendemain matin, prirent à part un certain nombre de délégués, les invitèrent à parler librement, à exposer leurs sujets de plainte... Ils étaient tout tremblants. Ils avaient une peur horrible des coups de bâton, s'ils se risquaient à dire ce qu'ils désiraient et ce qu'ils pensaient... Bref, pour les y décider, il fallut employer les grands moyens, il fallut les corrompre. En Europe, on achète le silence des députés, et, là-bas, en Cochinchine, ce fut tout le contraire; on fit des *avantages* aux députés de l'opposition; on leur donna quarante sous par jour.

Grâce à ce système de corruption, la seconde séance eut une certaine petite tournure. Cinq ou six délégués, alléchés par la promesse des quarante sous, présentèrent des observations, formulèrent des griefs, etc. L'amiral était ravi... Mais cette brillante séance fut suivie d'une bagarre épouvantable.

Les délégués étaient payés à la sortie, après chaque séance. Un indigène faisait l'appel, et chaque député venait recevoir ses vingt sous... ou ses quarante sous... des mains d'un sous-officier d'infanterie de marine. Ce malheureux sous-officier reçoit tout à coup sur la tête un effroyable coup de poing, puis un second. C'était un député... un peu trop indépendant, celui-là... qui, brusquement, sans crier gare, tombait à bras raccourcis sur le pauvre caissier. Celui-ci prend peur, croit à une révolte, saisit son revolver et envoie deux ou trois balles dans le tas de la députation cochinchinoise.

Tumulte indescriptible. Les délégués jetaient des cris perçants... Des officiers et des soldats accourent, ne sachant ce qui se passait, et, pour dégager le caissier entouré par cette foule hurlante, se mettent à distribuer à tort et à travers une avalanche de coups de plat de sabre et de crosse de fusil. Jamais représentation nationale ne fut plus irrespectueusement crossée.

L'ordre à la fin se rétablit... On tâche de s'expliquer, de s'y reconnaître. Les balles heureusement n'avaient fait que deux petites blessures insignifiantes. Pourquoi cette bagarre? Pourquoi ce député cochinchinois avait-il donné ces deux coups de poing? Ce député, qui était-ce? La réponse est partout la même.

— Lui... c'est le fou! c'est le fou!

— Comment, le fou?

— Mon Dieu, oui, répond un indigène, c'est le fou du village de X***. Il ennuyait beaucoup les gens du pays. Il avait la tête absolument à l'envers. Il faisait des menaces

à tout le monde, jetait des pierres aux passants... on en avait une peur affreuse. Alors, quand le gouverneur a fait savoir aux habitants de X*** qu'ils avaient à envoyer un député à Saïgon, ils ont tous dit : « Nom-
» mons le fou ! nommons le fou ! C'est un
» bon moyen de nous en débarrasser. » Et ils ont nommé le fou.

Il n'y eut pas de troisième séance du parlement cochinchinois.

Mais il est une Chambre — non cochinchinoise — siégeant à Versailles, et quand on a élu, en février 1871, les membres de cette Assemblée, plusieurs départements français ont imité le village cochinchinois et se sont amusés à *nommer le fou*.

———

Vendredi 29 septembre. — Je croyais que la formule : *la suite au prochain numéro* était d'invention toute récente. Pas du tout. Ce matin, dans les *Révolutions de Paris*, de Prudhomme, je me régalais d'un long article intitulé : *Origine, définition, mœurs, usages et vertus des sans-culottes* et j'y trouvais cette phrase prodigieuse :

Tant de gens aujourd'hui se couvrent pour se cacher du manteau du sans-culottisme.

L'article terminé, je me mets à feuilleter au hasard le volume, et à la fin de la livraison du 8 brumaire an II, je trouve cette ligne :

L'interrogatoire de Marie-Antoinette au premier numéro.

Jeudi 12 octobre. — Serait-ce le commencement de la grève des électeurs? Soixante mille abstentions sur cent mille inscriptions, la proportion est partout la même... Devant ce résultat, tous les journaux politiques montrent un étonnement qui m'étonne. Ils cherchent la cause de cette atonie du corps électoral, et ne la trouvent pas. Elle est pourtant toute naturelle.

Je causais, hier matin, avec un fermier de Seine-et-Marne.

— Eh bien, lui disais-je, vous avez voté dimanche dernier?

— Moi... Oh! non, par exemple, je n'ai pas voté.

— Et pourquoi cela?

— Pourquoi ça?... Plus souvent que j'irais me déranger pour voter, maintenant qu'on est libre.

— Comment, libre?

— Mais oui, on est libre. Sous l'Empire il fallait marcher. Il y avait le maire, et l'instituteur, et le garde champêtre qui vous tracassaient et qui vous faisaient des misères si on ne mettait pas le *bon* bulletin, mais à présent c'est fini... Tenez, dimanche, j'ai vendu une vache, j'aime mieux ça que d'avoir voté.

Je n'ai pas pu le tirer de là... Il était libre et il avait vendu une vache!

Mercredi 18 octobre. — Dîné hier avec un de nos ministres d'aujourd'hui. Voici ce qu'il nous a raconté. Il cherche un cocher; un candidat se présente, de fort bonne mine, taille, ampleur, air d'importance et de dignité. Et le petit dialogue suivant s'engage : « D'où sortez-vous? — Je suis encore en place, monsieur le ministre. — Chez qui? — Chez M. de X*** (Ici le nom très connu d'un des hommes d'État du second Empire). — Et pourquoi

voulez-vous le quitter?— Mon Dieu, monsieur le ministre, voilà... Quand M. de X*** était ministre sous l'Empire, je me faisais plus de deux mille francs chez lui, parce que j'avais cinq cents francs sur les fonds du ministère : mais depuis que monsieur n'est plus ministre, je suis réduit à mes dix-huit cents francs tout secs. Je sais bien que M. de X*** me dit toujours : « Patientez, Pierre, patientez... l'Em-
» pire va revenir... Je rentrerai au ministère.
» Vous retrouverez vos cinq cents francs. »
Mais voyez-vous, monsieur le ministre, moi, je ne crois pas au retour de l'Empire. »

A ce même dîner, une très charmante Anglaise, lady D***, qui vient de faire, à vingt ans, un voyage de noces autour du monde, nous a raconté ce voyage de la façon la plus originale, dans un français bizarre et hardi. *Ça ne lui a pas paru très important, le monde. Oh! pas important du tout. Cela a été si vite fait ce tour du monde...* Une seule chose l'a très vivement intéressée. Elle a pu causer, en Nouvelle-Zélande, avec un cannibale... *authentique.* Elle avait cherché le mot. « Est-ce bien ce mot qu'il faut dire? nous demanda-t-elle,

un peu inquiète. — Oui, c'est bien le mot. »
Alors, rassurée, elle continua.

— On avait eu tant de peine à me le procurer. C'était un vieux, très vieux Maori... Il en reste si peu, si peu, de ceux qui ont mangé de la chair humaine... Et celui-là, il en avait mangé, on en était sûr. Mais que j'ai eu du mal à lui arracher la vérité. Il savait l'anglais assez pour me comprendre et me répondre. Seulement, il ne voulait rien dire. Il avait un air très respectable, très doux, très bon, et des yeux si tendres. Je tournais, tournais autour de la question. Mais ils savent, ces anciens cannibales, que cela ne se fait plus, et ils n'aiment pas avouer... Enfin, un jour, comme il était de bonne humeur, — je lui avais donné une petite boîte à musique qui jouait des airs de danse, — j'ai pris tout mon courage : « Allons, dites-moi la vérité, vous » en avez mangé de la chair humaine. Est-» ce bon ? » Alors ses yeux changèrent, se mirent à briller. J'avais la main droite levée, près de son visage, et il regardait mon pouce, et il me dit : « Oh ! lady, quand on » a mangé le pouce d'une jeune dame an-

» glaise, on ne peut plus aimer une autre
» viande. »

Cette jeune femme, qui est à Londres une très grande dame, nous a fait ensuite un tableau très sombre de la situation actuelle de l'Angleterre.

— Oh! cela ne va pas bien chez nous, pas bien du tout... Il y a de mauvais symptômes. Si vous saviez quelle difficulté nous avons à trouver des personnes convenables pour la grande livrée avec la poudre et la culotte. Et quelle difficulté aussi pour les grooms; autrefois ils étaient respectueux, tout naturellement, comme de naissance; mais maintenant, quand ils suivent à cheval, ils ne savent plus se tenir à bonne distance, et ils font des plaisanteries entre eux, par derrière, pour se moquer de nous. Jamais on ne voyait cela autrefois. Et, à la dernière ouverture du Parlement, il y a eu, dans la foule, au passage des grands carrosses de gala, des rires tout à fait choquants. Enfin, c'est le respect qui s'en va, et lord R*** disait, l'autre soir, que rien ne lui paraissait plus menaçant pour l'avenir de notre pays.

Ces choses étaient dites par cette jolie femme avec une imperturbable gravité.

Dimanche 28 octobre. — Voilà longtemps que j'habite la même maison et longtemps que je vois le même marchand de marrons, un Périgourdin, venir, à cette époque, s'installer sous mes fenêtres, au même coin de rue; il passe tout l'hiver incrusté dans une sorte de boîte, entre son sac de charbon et son sac de marrons. Il est doux, poli, tranquille. Je le crois heureux.

J'aime les marrons, et souvent il m'arrive, le soir, en rentrant chez moi, d'en acheter pour deux sous. Aussi sommes-nous, depuis très longtemps, bons amis, le marchand de marrons et moi... Nous prenons, tous les ans, plaisir à nous revoir, et nous échangeons, à cette occasion, des répliques qui se reproduisent avec une persistante régularité.

— Eh! bonjour, monsieur, me dit mon voisin, ça va-t-il bien depuis l'autre année?

— Pas trop mal, et vous?

— Pas mal, non plus... pas mal. Et les affaires politiques, ça va bien, les affaires politiques ?

— Très bien ! très bien !

— Tant mieux, alors, tant mieux !

Et, une fois cela dit, jamais dans le courant de l'hiver nous ne parlons plus politique.

Mais, cette année, les phrases de l'année dernière ne pouvaient pas servir. Paris était bloqué, l'hiver dernier, et le marchand de marrons n'avait pu venir. Aussi m'a-t-il dit tout à l'heure :

— Eh bien, il y en a eu des affaires, l'autre année... Vous avez eu bien des ennuis de ce côté-ci... Chez nous on a été assez tranquille, mais la saison a été tout de même perdue pour les marrons. Enfin, c'est arrangé... Et maintenant les affaires politiques, ça va bien, les affaires politiques ?

Il avait rattrapé sa réplique habituelle, j'ai répondu : « Très bien ! très bien ! » Il a riposté : « Tant mieux, alors, tant mieux ! » Et en voilà pour jusqu'à l'année prochaine.

Samedi 28 octobre. — Le peintre Winterhalter nous abandonne. Il redevient Allemand.

Pendant vingt années, il avait signé tous les portraits officiels de la famille d'Orléans, puis, pendant vingt autres années, tous les portraits officiels de la famille impériale. Mais aujourd'hui, plus de souverains en France, plus de château de Saint-Cloud, plus de palais des Tuileries, plus de famille impériale ou royale; bref, plus de commandes officielles pour Winterhalter, et il va s'en aller à Berlin faire les portraits des Hohenzollern. Le décaméron de l'impératrice Augusta après le décaméron de l'impératrice Eugénie.

Quelle foule, quelle curiosité, quelle animation, au Salon de 1855, autour de ce grand tableau de Winterhalter, l'Impératrice entourée de ses dames d'honneur! Alors dans tout l'éclat de son idéale beauté, l'impératrice Eugénie pouvait supporter, sans inquiétude et sans péril, le voisinage de ces admirables personnes choisies par l'Empereur pour lui faire cortège. Elles étaient là décolletées, très décolletées, la souveraine et les dames du palais, parmi les gazons et les fleurs, sous les ombrages d'un jardin enchanté. L'Impératrice, assise, des roses dans la main droite, et montrant hardiment, de face, sous l'opulence de ses cheveux blonds, le plus délicieux visage de son royaume. A genoux, au premier plan, au milieu de ses grandes jupes bouffantes, madame de Montebello, plongeant ses belles mains dans une gerbe de fleurs, madame de La Tourg-Maubourg, vue de profil, avec ses admirables bandeaux noirs, s'appuyant de la main sur l'épaule nue — et quelle épaule ! — de la marquise de Las Marismas. Et dans le coin de gauche, aux pieds de l'Impératrice, à côté de madame de Lezay Marnezia, la toute mignonne et toute charmante baronne de Pierres. Une véritable cour de jeunesse, de grâce et d'amour, dans un décor de féerie !

La révolution du 4 Septembre a été clémente pour les œuvres de Winterhalter ; la révolution du 24 Février s'était montrée plus brutale. Tous les tableaux de Winterhalter furent alors littéralement mis en pièces, et un journal fit remarquer, le lendemain, que la fureur du peuple s'était portée avec une violence particulière sur les toiles signées Winterhalter.

Or, la vérité est qu'un homme avait présidé

à cette œuvre de destruction. Cet homme, c'était un peintre d'infiniment de talent, lequel figurait au premier rang parmi les envahisseurs des Tuileries. Mais il n'était pas venu en émeutier ; il était venu en curieux, en amateur, en artiste. Cependant, pour se donner un certain style révolutionnaire, il s'était armé d'un immense pistolet arabe *dont la pierre était en bois.* Il a beaucoup d'esprit, le peintre Nazon. Et puis, il est de Montauban, c'est-à-dire qu'il possède cette faconde sonore et cet accent méridional qui remuent si facilement les masses. Il n'avait pas fait cinquante pas dans les salles du palais qu'il était déjà le chef d'une petite troupe d'envahisseurs dociles et dévoués. On ne sait pas comme, en définitive, le peuple est dévoré du besoin d'obéir.

Le peintre Nazon regarda autour de lui et aperçut dans les salons des Tuileries de fort belles choses menacées de pillage et de destruction. Alors, très adroitement, que fit-il ? Il se mit à placer des sentinelles.

— Restez là, disait-il à ses hommes, et que personne ne touche à ces vases... Vous comprenez bien... Ces vases ne sont plus la propriété du tyran, c'est la propriété du peuple, c'est votre propriété, c'est à moi, c'est à vous !

Les factionnaires se mettaient à monter la garde et devenaient, en un clin d'œil, d'excellents sergents de ville.

Cependant, le peintre Nazon, qui connaissait le cœur humain, comprit qu'il était nécessaire de donner, de temps en temps, un certain aliment à la fureur populaire, de faire, en un mot, la part de la révolution, la part du feu ; et dès qu'il apercevait un Winterhalter :

— Citoyens, s'écriait-il, ceci doit périr sous la vengeance du peuple... — C'est un Winterhalter!... Entendez-vous ? Un Winterhalter!...

Il accentuait terriblement ces mots: « C'est un Win-ter-hal-ter ! » Le peuple se précipitait, mettait la toile en morceaux, et voilà comment le peintre Nazon, le 24 février 1848, aurait abandonné sept Winterhalter à la légitime colère du peuple souverain.

———

Mercredi 8 novembre. — Hier soir, après dîner, cinq ou six hommes politiques étaient divisés par cette question délicate :

« Le Quatre-Septembre, était-ce une révolution ? Etait-ce une insurrection ? »

Ceux qui avaient du goût pour le Quatre-Septembre tenaient pour *révolution* ; les autres pour *insurrection*. Je n'ai pas pris parti dans la querelle ; je sentais mon incompétence ; mais, rentré chez moi, j'ai pris le dictionnaire de l'Académie.

Au mot *insurrection*, je lis ceci : *Soulèvement contre le gouvernement ; ceux qui emploient cette expression y attachent une idée de droit et de justice.* Ainsi, le mot a un sens noble, et ceux-là se trompent qui ont la pensée de flétrir le Quatre-Septembre en le traitant d'*insurrection*.

Mais ce qui m'a charmé, c'est la première définition du mot : *Révolution* dans le dictionnaire de l'Académie : *Retour d'une planète à la place d'où elle est partie.* Et je me suis aussitôt rappelé quelques lignes de ce merveilleux volume *les Derniers souvenirs du comte d'Estourmel*. Peu de temps après la révolution de 1830, le comte d'Estourmel eut une attaque de paralysie qui lui *déplaça* la bouche. *Elle prit*, dit-il, *une position nouvelle entre l'œil et la bouche. Peu à peu, cependant, ma bouche rentra dans ses limites naturelles, et ainsi se termina la révolution de 1830, car une révolution n'est vraiment finie que lorsque chacun a repris sa place.*

Vendredi 10 novembre. — Voici les ventes de livres et d'autographes qui recommencent. Je feuilletais hier un catalogue d'autographes consacré tout entier à des gloires historiques et politiques. Il contient cent cinquante-trois lettres, dont trente-deux de Français décapités : Louis XVI, Camille Desmoulins, Marie-Antoinette, Hérault de Séchelles, Robespierre, Lavoisier, Saint-Just, la Dubarry, Collot-d'Herbois, Chaumette, etc., etc. Quel pays pourrait, en Europe, fournir autant de décapités politiques?

Samedi 18 novembre. — A la suite de toutes ces révolutions, invasions, insurrections, bien des gens sont tombés dans la misère et prennent, au hasard, le premier métier venu. Victor Massé avait un piano fort désaccordé. On lui recommande *un brave homme très digne d'intérêt.* Il le fait venir et le laisse seul avec le piano. Après une heure d'un affreux vacarme, l'accordeur réclame ses cent sous.

Massé plaque quelques accords et se récrie aussitôt :

— Mais le piano est faux, horriblement faux !

— Monsieur, répond l'accordeur, Chopin les aimait ainsi.

Cette réponse valait bien cent sous. Massé les a donnés et a fait venir un autre accordeur.

———

Lundi 20 novembre. — Dans un salon celèbre, hier soir, deux groupes : le premier autour du général Changarnier, le second autour de M. Duvergier de Hauranne, lequel, membre de l'Assemblée législative, eut l'honneur d'être conduit à Mazas en décembre 1851.

Et, par hasard, le même sujet de conversation dans les deux groupes : on parle du coup d'État.

— Pourquoi, dit-on au général Changarnier, pourquoi n'avez-vous pas pris les devants en 1851 ? Pourquoi n'avez-vous pas arrêté le président ?

— Eh ! répond le général, la Chambre ne me soutenait pas. Ils n'osaient pas !

En parlant ainsi, le général désignait M. Duvergier de Hauranne, auquel, au même moment, on adressait la même question. Et l'ancien député, de la main, montrant le général Changarnier :

— Qu'est-ce que vous voulez ? Il n'osait pas !

Gestes et regards se rencontrèrent.

Mardi 28 novembre. — Voltaire, le 18 février 1760, écrivait à madame Du Deffant :

« J'aime encore mieux avoir des rentes sur la France que sur la Prusse. Notre destinée est de faire toujours des sottises et de nous relever. Nous ne manquerons presque jamais une occasion de nous ruiner et de nous faire battre, mais, au bout de quelques années, il n'y paraît pas. L'industrie de la nation répare les balourdises des ministères. »

Puisse l'*industrie de la nation* justifier encore une fois la confiance de Voltaire ! Dans cette même lettre, je trouve cette autre phrase, à propos du grand Frédéric :

« Puisque vous avez, madame, les poésies de ce roi qui a pillé tant de vers et tant de villes, etc. »

Et, le même jour, Voltaire écrivait à Thiérot :

« Le philosophe de Sans-Souci pille quelquefois des vers, à ce qu'on dit; je voudrais bien qu'il cessât de piller des villes, etc. »

Et, trois jours auparavant, Voltaire écrivait au comte d'Argental :

« Parlez-moi donc des poésies de cet homme qui a pillé tant de vers et tant de villes, etc. »

Et de trois! Voltaire ne se gênait pas pour se *piller* lui-même. Quand il avait trouvé une jolie phrase, il ne lui déplaisait pas qu'elle courût le monde, et il la tirait à plusieurs exemplaires avec de légères variantes.

Il y aurait une piquante étude à faire sous ce titre : *Voltaire et Mérimée courtisans*. Dans sa correspondance, Voltaire gémit sans cesse sur les dures obligations du métier de courtisan. « Ma destinée, dit-il, était de courir de roi en roi, bien que j'aimasse la liberté avec idolâtrie. »

Et, en novembre 1732, du palais de Fontainebleau, il écrit à M. de Formont :

« J'aurais dû employer une partie de mon

temps à vous écrire et l'autre à corriger *Zaïre*, mais je l'ai perdu tout entier à Fontainebleau à faire des querelles entre les actrices pour des premiers rôles, et entre la Reine et les princesses pour faire jouer des comédies; à former de grandes factions pour des bagatelles et à brouiller toute la cour pour des riens. »

Or, j'ai souvenir d'avoir entendu Mérimée, vers 1858, tenir exactement le même langage. Il arrivait de ce même palais de Fontainebleau. Il avait dû jouer des charades, faire des vers pour l'Impératrice, dîner sur l'herbe; il avait reçu une grosse averse et pris un gros rhume. « *Ah! je n'étais pas fait*, nous disait-il, *pour le métier de courtisan !* »

Or, Voltaire a écrit absolument cette même phrase dans une lettre à Maupertuis : *Étant à la cour sans être courtisan.* Seulement Voltaire ne disait pas la vérité, tandis que Mérimée était parfaitement sincère. Voltaire était courtisan; il avait le goût et la vocation, les faiblesses et les avidités du métier. Mérimée, lui, ne demandait jamais rien. Il avait pour l'impératrice Eugénie un sincère attachement, et c'était cela seulement qui l'appelait et le retenait à la cour. Il se cabrait quelquefois contre les servitudes de l'étiquette, mais il fallait, coûte que coûte, se résigner. Il n'aimait ni le pape, ni les jésuites, ni les prêtres, et cependant, à Compiègne et à Fontainebleau, la messe était de rigueur, le dimanche. Mérimée à la messe! Je crois bien que la cause principale de la colère de Mérimée contre le pape était une colère d'érudit. Il y a une bibliothèque admirable au Vatican, et cette bibliothèque est impitoyablement fermée aux curieux et aux chercheurs. Mérimée se disait : « Si le pape quittait Rome, s'il abandonnait le Vatican, tous ces livres, tous ces manuscrits seraient à nous. » Condamné au spectacle de la cour, Mérimée tâchait de s'en amuser. Il écoutait, regardait, observait, prenait des notes. Tous les papiers de Mérimée ont été brûlés, rue de Lille, dans les incendies de la Commune, et de bien curieuses choses ont été perdues pour l'histoire de ce temps. Mérimée, à Compiègne, improvisait des charades, et, se faisant comédien de salon, donnait dans ces charades la réplique à M. de Morny; il ne lui déplaisait pas, d'ailleurs, de vivre parmi ces grandes dames et parmi ces belles personnes fort admirées par lui.

Voltaire n'était, à la cour, qu'un solliciteur; il s'efforçait de placer ses petits *divertissements*; il s'agitait pour faire jouer ses tragédies; il accablait les princesses de madrigaux, car, disait-il, *il n'y a point de déesse dont le nez ne soit réjoui de l'odeur de l'encens*; il demandait des faveurs, de l'argent, des pensions, il intriguait, mendiait.

De Fontainebleau, le 8 octobre 1725, il écrivait à la présidente de Bessières :

« Je me suis trouvé presque toujours en l'air, maudissant la vie de courtisan, courant inutilement après une petite fortune qui semblait se présenter à moi et qui s'est enfuie bien vite dès que j'ai cru la tenir. »

Mêmes lamentations, le 17 octobre 1725. Il a été très bien reçu par la Reine. Elle a pleuré à *Marianne* ; elle a ri à *l'Indiscret*. Elle lui parle souvent. Elle l'appelle son pauvre Voltare. « *Un sot*, dit-il, *se contenterait de cela.* » Mais il sent que les louanges sont peu de chose, que le rôle d'un poète à la cour n'est pas sans quelque ridicule, et il ajoute : « Il n'est pas permis d'être de ce pays-ci sans aucun établissement. On me donne tous les jours des espérances dont je ne me repais guère. »

Le 13 novembre 1725, après plus de deux mois de séjour à Fontainebleau, Voltaire écrit encore :

« La Reine est toujours assassinée d'odes pindariques, de sonnets, d'épîtres et d'épithalames. Je m'imagine qu'elle a pris les poètes pour *les fous de la cour*, et en ceci elle a grande raison, car c'est une grande folie à un homme de lettres d'être ici. »

Comment, en lisant cette lettre sur les fous de la cour, comment ne pas penser à *la Chambre bleue*, cette nouvelle un peu vive, écrite pour l'Impératrice, et signée : *Mérimée, bouffon de Sa Majesté*? Mérimée lit cette nouvelle à l'Impératrice, et, le lendemain, reçoit la visite d'un ambassadeur envoyé par une grande-duchesse de Russie, laquelle voudrait avoir, elle aussi, une lecture de *la Chambre bleue*. Refus de Mérimée. Il répond qu'il est bouffon de Sa Majesté et ne va pas travailler en ville. Il demande, d'ailleurs, la permission, on la lui accorde, et la grande-duchesse a sa lecture.

O éternelle répétition de la comédie humaine! Et ne nous avisons pas de dire que ce sont là choses du passé, qu'il n'y a plus de cour en France et plus de courtisans. Plus de cour, soit; mais des courtisans, il y en a autour de M. Thiers et autour de M. Gambetta. Seulement, ils ne s'appellent plus Voltaire et Mérimée, et c'est grand dommage.

Jeudi 4 janvier 1872. — Nos dépenses, en 1872, dépasseront très probablement deux milliards et demi. Et c'était, je crois, en 1825, que le général Foy, devant un budget d'un milliard, disait à la Chambre : « Savez-vous, messieurs, qu'il n'y a pas eu un milliard de minutes depuis la naissance de Jésus-Christ? »

Jeudi 11 janvier. — Ce qui suit m'a été raconté par M. Villemain, conseiller d'État et frère du secrétaire perpétuel de l'Académie française.

Quelques jours après la révolution de Février 1848, M. Villemain rencontra, sur la place de l'Hôtel-de-Ville, M. de Cormenin, un rouleau de papier à la main.

— Devinez ce que c'est que cela? dit M. de Cormenin à M. Villemain, en lui montrant son rouleau de papier... C'est la nouvelle loi électorale. Ces messieurs...

Et M. de Cormenin, du geste, montrait les fenêtres de l'Hôtel de Ville où délibéraient MM. de Lamartine, Arago, Ledru-Rollin, etc., etc., membres du gouvernement provisoire.

— Ces messieurs, le 24 Février, dans un accès d'enthousiasme, ont proclamé le suffrage universel, mais, dès le lendemain, un peu inquiets, un peu troublés, ils me demandaient de préparer un décret organique et de tâcher d'y glisser certaines garanties, certaines restrictions : domicile, durée de la résidence, etc., etc. J'ai cherché...

— Et vous avez trouvé? dit M. Villemain.

— Je n'ai rien trouvé du tout. Il faut que l'expérience soit complète pour être vraiment originale et vraiment instructive. J'ai gardé le suffrage universel au premier degré. J'ai pris tout le monde, les vagabonds, les mendiants, les nomades, etc., etc., tout le monde enfin...

Je suis curieux de savoir ce qui sortira de là.

Ce qui en est sorti, nous l'avons vu, nous le voyons. La véritable maladie de la France, c'est le suffrage universel. Un des trois ou quatre grands esprits de ce temps, M. Taine, vient de publier sur cette redoutable question une petite brochure qui est un véritable petit chef-d'œuvre. M. Taine ne propose pas la suppression du suffrage universel ; non, il demande seulement qu'on se décide à faire cette loi que M. de Cormenin s'est amusé à ne pas faire. Il établit d'abord que le scrutin de liste de la démocratie autoritaire et les plébiscites de l'Empire sont des escamotages légaux de même espèce, tous les deux également fondés sur le respect apparent et le mépris réel de la volonté publique. Et M. Taine voit, dans le double degré électoral, le moyen de mettre l'usage de la liberté politique à la portée de toutes les classes du peuple.

Il demande donc qu'on en finisse avec cette barbarie qui vient d'obliger les Parisiens à écrire quarante-trois noms sur un même bulletin de vote. M. Taine est partisan du scrutin d'arrondissement avec des électeurs de deux degrés; cent électeurs de premier degré nommant chacun un électeur de second degré, et ces délégués se réunissant au chef-lieu pour élire le député.

Si M. Thiers portait une telle loi à la Chambre, il aurait, avec sa grande autorité, bien des chances de la faire passer, mais M. Thiers qui, sous l'Empire, parlait du suffrage universel avec une véritable horreur, n'est plus dans les mêmes sentiments depuis que vingt-huit départements l'ont élu, au scrutin de liste, député à l'Assemblée nationale. Il est à peu près dans la situation de Bugeaud en 1848; on ne pouvait pas être moins républicain que le maréchal, mais voici qu'aux approches de l'élection présidentielle, il fut désigné parmi les candidats possibles. Un de ses amis de s'en étonner, de s'en indigner presque, et de lui dire :

— Mais jamais vous ne consentiriez...

— Moi, pourquoi cela? Il y a une république à laquelle je me rallierais très volontiers, celle dont je serais le président.

Tel M. Thiers. Il a pris du goût pour le suffrage universel qui vient de le faire président de la République, et du goût pour les républicains. Il n'a de mauvaise humeur que contre ses anciens amis, les députés de la droite. Hier, à Versailles, dans une de ses piquantes causeries du soir, il disait à un de ces affreux droitiers qui venait de dîner chez lui :

— La monarchie est impossible, vous devriez le reconnaître... Mais vous êtes toujours les mêmes incorrigibles doctrinaires; vous êtes riches, vous habitez des hôtels entre cour et jardin, vous ne savez pas ce qui se passe dans la rue. Si vous étiez raisonnables, nous ferions la République ensemble, vous et moi, et tout irait pour le mieux, dans une excellente République bien sage, bien ordonnée, bien conservatrice... Mais vous n'êtes pas raisonnables et vous allez m'obliger à faire la République avec les républicains, sans vous et contre vous, alors que j'aimerais cent fois mieux la faire avec vous et pour vous. Vos journaux me tourmentent, m'attaquent, me harcèlent. Je retrouve parmi vous de ces députés de droite qui me combattaient sans trêve ni relâche, lorsque j'étais au pouvoir sous la monarchie de Juillet. Tenez, je me

souviens, peu de jours avant l'attentat Fieschi
— j'étais alors ministre de l'intérieur — on
vint me prévenir qu'un attentat se préparait...
La police était bien informée... on désignait
l'endroit : le boulevard du Temple... Je donnai l'ordre de faire fouiller les maisons du
boulevard, une à une... Et l'on commença...
Mais la presse se mit à jeter les hauts cris,
des députés me menacèrent d'une interpellation... Cela n'était pas légal ! Pas légal ! et
je dus m'arrêter deux maisons avant le numéro 50, la maison de Fieschi... Eh bien !
les mêmes, vous êtes restés les mêmes ! Vous
m'arrêtez toujours *deux maisons avant* !

***

Samedi 13 janvier. — J'ai essayé de lire
aujourd'hui trois romans qui viennent de paraître. Ce n'était qu'un affreux ramassis de
brutalités et de grossièretés. Quelles peintures
de nos mœurs ! Pas une honnête femme, pas
une ! Toutes, vicieuses ; toutes, scélérates ;
toutes, adultères ! Et voilà pourquoi les pauvres femmes de France ont, de par le monde,
une si fâcheuse renommée.

Le 18 octobre 1870, la *Gazette de Cologne*

publiait la dépêche télégraphique suivante :

« A Wilhelmshöhe, l'empereur Napoléon a été très heureux de voir arriver hier la princesse Murat. On s'attendait ici à voir quelque grande dame, genre *cocodette*, et la surprise fut grande lorsque l'on aperçut une dame habillée avec la plus grande simplicité, qui se tenait avec tendresse au bras de son mari, attitude qu'on croyait impossible chez un couple français. »

Je me suis efforcé de traduire littéralement. Telle était l'opinion *unanime* des Allemands sur les femmes françaises. La faute en est à nous autres qui écrivons, et aussi au public qui nous lit. On ne saurait s'accommoder en France de cette littérature sage, douce, paisible, de cette littérature de ménage et de famille qui charme les lecteurs anglais et allemands. Les femmes les plus vertueuses en France aiment à lire l'histoire des femmes qui leur ressemblent le moins. De là le ton et l'allure de nos romans et de nos comédies. Nous sommes obligés de prendre des *exceptions*, et de ces exceptions, à l'étranger, on fait la *règle*.

Et cependant, il y a dans la masse de la nation française autant de probité, d'honneur et de vertu que chez n'importe quel peuple de l'Europe. Les Allemands eux-mêmes, pendant la guerre, furent obligés de nous rendre justice. Trois ou quatre ballons lancés de Paris tombèrent dans les lignes prussiennes. Les lettres saisies étaient aussitôt envoyées à Versailles, et des officiers d'état-major du grand quartier général étaient chargés de dépouiller la correspondance parisienne. Or, un journaliste allemand — c'était, je crois, M. Wachenhusen — a raconté de la façon la plus curieuse, quelles avaient été les impressions de ces officiers prussiens lisant les lettres de Paris.

« Ces messieurs, écrivait-il, sont véritable-
» ment confondus. La plupart de ces lettres
» sont honnêtes, élevées, nobles et touchantes.
» Des maris écrivent à leurs femmes, et ils
» ont l'air de les aimer véritablement; des
» mères écrivent à leurs enfants; elles ont le
» cœur déchiré, et cependant supportent fer-
» mement cette épreuve. Il y a des lettres
» adressées par des fils à leurs pères, et ces

» lettres sont tendres, respectueuses; de l'hon-
» neur et de la vertu chez des Français, chez
» des Parisiens!!! C'est à n'y pas croire et
» cependant cela est... Pourquoi donc les
» journaux et les romans français mettent-ils
» tant d'acharnement à essayer de prouver
» le contraire? etc., etc. »

Mercredi 17 janvier 1872. — L'autre jour, à Notre-Dame, pendant le service solennel en mémoire des victimes de la guerre, une femme regardait le catafalque dressé au milieu de la cathédrale et disait :

— Quand on pense qu'il y a là dessous plus de cent mille Français !

Jeudi 18 janvier 1872. — Il y a un an, jour pour jour, le 18 janvier 1871, cette dépêche était expédiée de Versailles :

« Le roi Guillaume de Prusse a été pro-
» clamé aujourd'hui empereur d'Allemagne
» dans la salle des Glaces, au palais des rois
» de France, en présence de tous les princes
» allemands qui sont sous les drapeaux dans
» l'armée devant Paris. »

Une année s'est écoulée. Et aujourd'hui, dans ce même château de Versailles, siège une Assemblée qui paraît avoir déjà tout oublié. Nous la voyons s'émietter en groupes et sous-groupes, coteries et sous-coteries : gauche, droite, extrême gauche, extrême droite, centre droit, centre gauche, etc. Nous sommes évidemment atteints de cette usure morale que produit à la longue le frottement des révolutions. Rien n'est changé en France, il n'y a que deux provinces de moins et cinq ou six partis de plus.

FIN

TABLE

D'Étretat à Versailles 1
La forêt de Saint-Germain. 2
M. Thiers et ses fortifications 9
A Versailles. 11
Convois d'insurgés 11
Aux Réservoirs 14
Un machiniste de l'Opéra 15
Les canons de Montmartre. 15
Cham. 19
Mademoiselle Godard 19
Un gamin de Paris 21
Un aide de camp de Dombrowski. 25
Une Parisienne 26
Un Garçon épicier. 28
Le chien perdu 31
Une logeuse en garni 34
Une marchande de parapluies 34
Une Versaillaise. 35
Le gendarme. 36
A Satory. 39
La colonelle. 40
La meilleure place pour voir brûler Paris. . . . 43
Un Anglais à Montretout. 44
Le fort d'Issy. 45
L'entrée des troupes dans Paris 51
Récit du commandant Trève. 52
Ducatel. 57
Paris en feu. 59
La lanterne de Démosthène 59

De Versailles à Paris.	60
La colonne Vendôme.	62
Un titre de rente	64
Une marchande de journaux.	66
Les petites gens.	67
Le *tour* des incendies.	69
La dernière proclamation de la Commune.	70
L'opticien de la rue du Vieux-Colombier.	71
Pêcheurs à la ligne	73
La salle de spectacle du château de Versailles.	73
Représentation de gala en 1864.	74
Psyché.	76
M. Grévy	79
Mademoiselle Fiocre	79
Le grand timbre sec du Corps législatif.	80
L'omnibus n° 470.	81
Renaissance de Paris.	82
Au théâtre du Gymnase.	83
Mademoiselle Desclée.	84
Touristes anglais.	86
A Notre-Dame-des-Victoires.	88
Un donneur d'eau bénite.	91
Au Palais de Justice.	93
Un album de photographie	95
Le général Chanzy	97
L'armée du Nord.	103
Une lettre d'Alexandre Dumas.	104
A l'Opéra.	107
Une répétition de ballet.	107
Madame Crosnier.	109
La loge de madame Monge.	111
Revue passée par M. Thiers.	112
Le théâtre des Variétés.	113
Le doyen des vaudevillistes.	113
Le *Voyage à Chambord*.	118
Scribe	121
Le *Tableau parlant*.	125
Napoléon Ier et le père Dupin.	126
Croquis d'électeurs	129

Le suffrage universel	133
Un cocher de tramway	134
M. Thiers	137
Le duc de Morny	138
Au Corps législatif	141
Un vieux fonctionnaire	145
La forme simple	148
Pour les imbéciles	149
Des sots dans les républiques	152
La Marseillaise à l'Opéra en juillet 1870	155
Souvenirs d'Auber	161
Le duo de *la Muette*	163
Rouget de l'Isle	163
Manon Lescaut	167
Mort d'Auber	169
A la Trinité	170
Chez un chapelier	171
A Londres	172
Monnaies française et anglaise	172
La cour du *Times*	175
Le marché de *Covent Garden*	176
Westminster	178
Cristal Palace	179
La loge de l'Empereur	180
Le *Mémorial de Sainte-Hélène*	183
Napoléon III et Orsini	191
Le 31 octobre 1870	192
Service funèbre dans le parc de Saint-Cloud	193
Ventes extraordinaires	194
Douze cents nouveaux grands hommes	197
Caravanes anglaises	198
Les conseils de guerre	199
Un bourgeois de Lausanne	199
Une répétition aux Variétés	202
Jacques Offenbach	207
Parent ou allié de l'accusé ?	208
Voitures de gala de l'Empereur	210
Le *Times* du 21 mars 1871	213
Le mariage de la princesse Louise	214

Le 13 mars à Paris, à Berlin et à Wilhemshöhe	218
Les révolutions en trois jours	222
Gambetta	223
L'incendie du château de Saint-Cloud	227
Le jour de Pâques	230
La fête de Saint-Cloud	233
L'estropié	235
Petits discours	235
Paul de Kock	237
Les mots historiques	237
Un cocher de fiacre	238
Essai de régime parlementaire en Cochinchine	241
La suite au prochain numéro	245
Le manteau du sans-culottisme	246
La grève des électeurs	247
Un cocher de ministre	246
Lady D*** et le cannibale *authentique*	248
Le marchand de marrons	251
Winterhalter et Nazon	252
Révolution ou insurrection ?	256
Catalogue d'autographes	258
Un accordeur de pianos	258
Le général Changarnier	259
Voltaire et Mérimée courtisans	260
Un budget de deux milliards et demi	266
Le suffrage universel	266
Brochure de M. Taine	268
M. Thiers et l'attentat Fieschi	269
Romans d'aujourd'hui	271
Les Françaises	272
Cent mille morts	274
18 janvier 1871 — 18 janvier 1872	274

PARIS. — IMP. CHAIX, 20, RUE BERGÈRE. — 12040-5-9.

www.ingramcontent.com/pod-product-compliance
Lightning Source LLC
Chambersburg PA
CBHW070758170426
43200CB00007B/821